LA
GARDE MOBILE
DE LA HAUTE-VIENNE

pendant

LA CAMPAGNE DE 1870-71

RAPPORTS DE

MM. PINELLI & PÉRIER

LIMOGES

Mme Vve DUCOURTIEUX, IMPRIMEUR-LIBRAIRE,

5, RUE DES ARÈNES, 5

1871

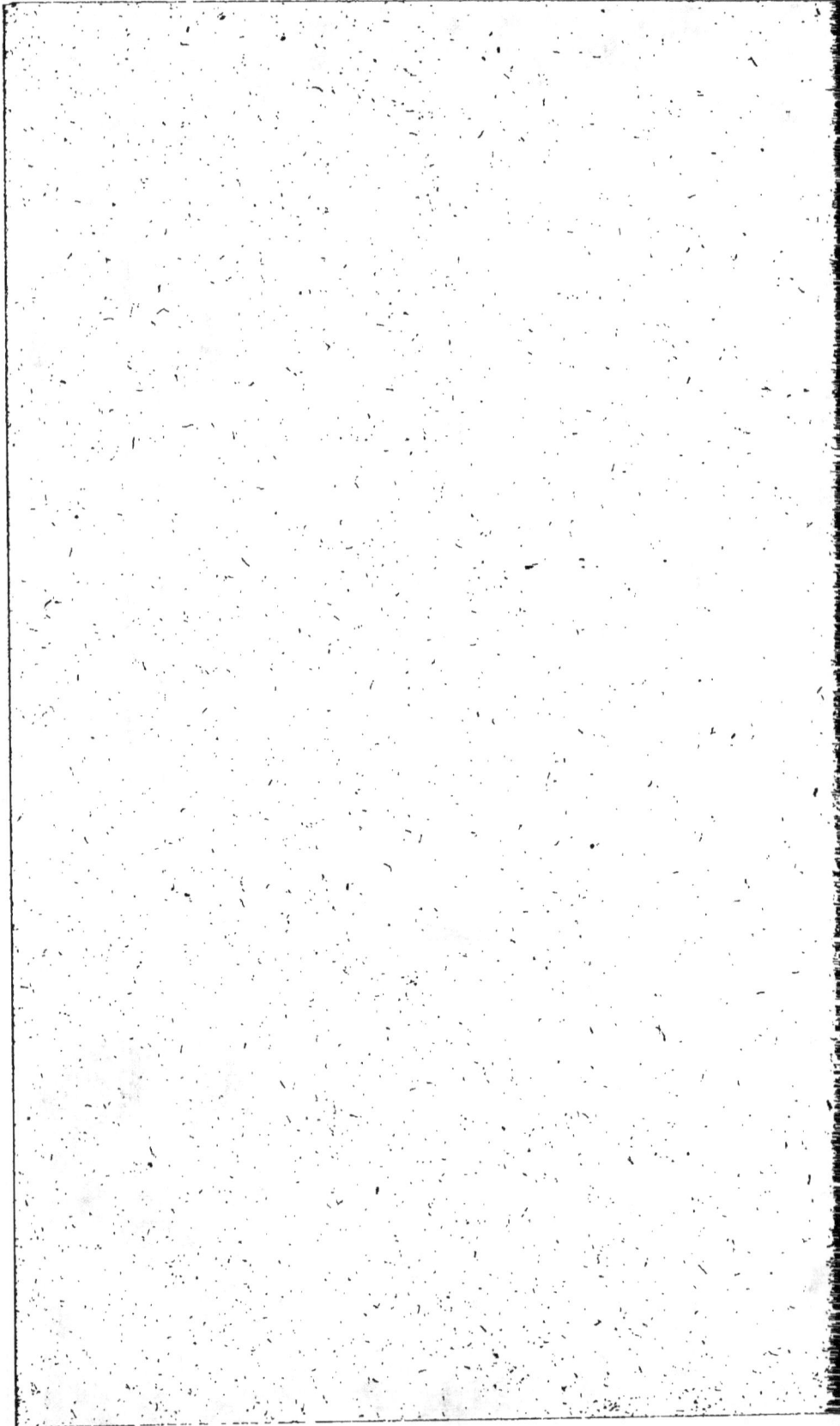

RAPPORT

SUR

LA GARDE MOBILE

DE LA HAUTE-VIENNE

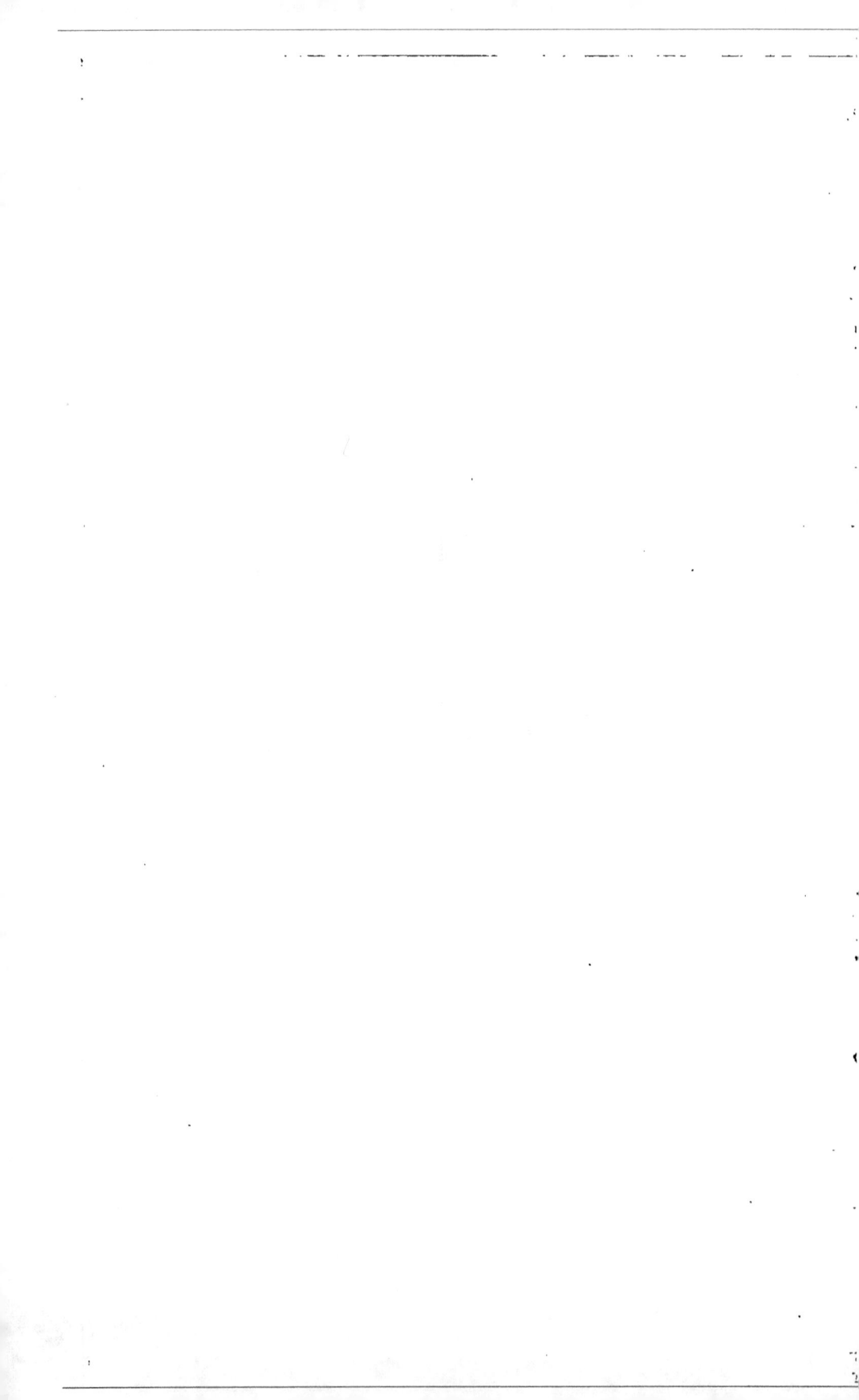

RAPPORT

ADRESSÉ

Par le Colonel du 71° Régiment provisoire

SUR LA

GARDE MOBILE

DE LA HAUTE-VIENNE

AU MINISTRE DE LA GUERRE

SUR LES FAITS AUXQUELS A PRIS PART CE RÉGIMENT

pendant

LA CAMPAGNE DE 1870-71

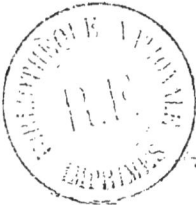

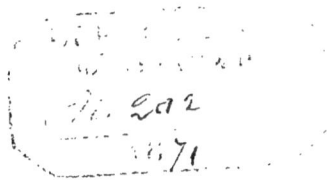

LIMOGES

Mme Ve DUCOURTIEUX, IMPRIMEUR-LIBRAIRE

5, RUE DES ARÈNES, 5

—

1871

RAPPORT

ADRESSÉ PAR LE COLONEL DU 71e RÉGIMENT
PROVISOIRE DE LA

GARDE MOBILE

DE LA HAUTE-VIENNE

AU MINISTRE DE LA GUERRE

SUR LES FAITS AUXQUELS A PRIS PART CE RÉGIMENT PENDANT
LA CAMPAGNE DE 1870-1871.

A Son Excellence
Monsieur le Général de division, Ministre secrétaire d'État,
au département de la guerre,

Monsieur le Ministre,

En exécution de votre circulaire du 21 juillet dernier, qui m'a été communiquée le 8 août par une lettre de M. le préfet de la Haute-Vienne, en date du 5 dudit, j'ai l'honneur d'adresser à Votre Excellence un rapport aussi détaillé que possible sur les opérations militaires de la campagne de 1870-1871 auxquelles a pris part le régiment que j'ai commandé.

Cette campagne, en ce qui nous concerne, comprend trois périodes bien distinctes :

1° La période de mon commandement, commençant au 15 août 1870 et finissant le 9 décembre de la même année, jour où je tombai blessé, entre les mains de l'ennemi, dans le parc de Chambord ;

2° La période comprise entre le 9 décembre 1870 et le 8 janvier 1871, époque pendant laquelle M. Périer, chef du 3ᵉ bataillon, resté seul présent de tous les officiers supérieurs du régiment, en eut provisoirement le commandement ;

3° La troisième et dernière période qui, partant du 8 janvier, se termine le 24 mars 1871, jour du licenciement de la garde mobile de la Haute-Vienne. M. de Beaumont, chef de bataillon dans le régiment des mobiles d'Indre-et-Loire, fut promu au grade de lieutenant-colonel, et désigné pour commander le 71ᵉ de l'arme pendant le laps de temps écoulé entre ces deux dates.

Les rapports relatifs aux faits qui se sont passés sous MM. Périer et de Beaumont doivent être établis par eux : je n'aurai donc à m'occuper ici que de la rédaction de ce qui a été fait depuis l'organisation des deux bataillons de la Haute-Vienne jusqu'au jour où je fus, par des circonstances de guerre, violemment séparé de mon régiment.

Je dois déclarer tout d'abord que, malgré tous les soins pris par moi pour ne donner que des détails de la plus grande exactitude, il pourrait se faire qu'il y eût quelques erreurs, les moyens de contrôle qui

étaient à ma disposition ayant été perdus avec les
bagages dont nos ennemis se sont emparés. Je crois
cependant pouvoir donner l'assurance que ces erreurs,
s'il en existe, ne sont pas de nature à modifier l'ensemble de ce travail, peu susceptible d'être altéré
d'une manière sérieuse par l'analyse la plus complète.
Il m'importe aussi de constater l'impossibilité de
donner, jour par jour, les numéros des régiments et
bataillons placés à la droite, à la gauche et derrière
nous pendant nos marches, les combats et le temps
passé dans les bivouacs, les chefs de corps n'ayant pas
été mis au courant des dispositions générales prises
soit pour marcher, soit pour combattre. Jamais nous
n'avons connu le rôle que nous étions appelés à jouer
dans le cours des opérations militaires ; jamais nous
ne savions d'avance ni le point d'attaque, ni les troupes
de soutien sur lesquelles nous pouvions éventuelle-
ment compter, ni les points d'appui de droite ou de
gauche, ni les localités où nous devions diriger nos
pas en cas de retraite. C'est pour avoir omis de mettre
les chefs de service dans le secret de ces détails précieux et indispensables que j'ai vu mon premier bataillon, après le combat de Lumeau, le 2 décembre
1870, me glisser dans la main comme une anguille,
en prenant une autre direction que celle qui me fut
indiquée, après la bataille, pour me porter sur Sougy,
point de ralliement. Ce manque de précautions fut
cause, à mon avis, que nos retraites se sont souvent
changées en déroutes, personne ne sachant où aller,
et les mauvais soldats profitant de ce désordre pour

éviter de rencontrer la troupe dont ils faisaient partie et marcher invariablement du côté opposé à celui où l'on pouvait résister.

Après cette digression, qui me paraissait nécessaire, je commence le récit de la part qui m'incombe dans l'historique du régiment.

ORGANISATION

DES DEUX BATAILLONS DE LA GARDE MOBILE
DE LA HAUTE-VIENNE
DANS LES CENTRES DE RÉUNION.

Le 2ᵉ bataillon de la Haute-Vienne fut organisé à Limoges, dès le 17 août 1870, par les soins de M. le capitaine Duval, promu ensuite au grade de chef de ce bataillon, en remplacement de M. Noualhier, non acceptant. Je ne m'occuperai plus du 2ᵉ bataillon tant qu'il n'aura pas reçu l'ordre de départ, et vais tout entier me consacrer à ce qui est relatif au 1ᵉʳ, dont je venais d'être nommé le chef par décret du 4 août 1870.

Une lettre de M. Garnier, préfet du département, en date du 14 dudit, m'annonçait que la revue d'appel des jeunes gens à incorporer dans la mobile aurait lieu les 17 et 19 du même mois, dans les différents centres de réunion qu'il désignait. Les officiers furent nommés le 15 par M. le général de Brémont d'Ars, commandant la 21e division militaire, et les sous-officiers, caporaux et tambours ou clairons mis à l'ordre du jour par moi dès la veille.

Après la revue d'appel, les hommes furent retenus par ordre, et on procéda immédiatement à la formation des compagnies, qu'on cantonna de la manière suivante :

1re, 2e et 3e compagnies, à Bellac ;

4e compagnie, au Dorat ;

5e compagnie, à Saint-Sulpice-les-Feuilles ;

6e compagnie, à Rochechouart ;

7e compagnie, à Saint-Junien ;

8e compagnie, à Saint-Yrieix et Châlus.

Malheureusement rien n'était prêt pour cette organisation ; il n'existait ni effets d'habillement, ni équipement, ni armement, ni même le linge et chaussure indispensables, la plupart de nos mobiles n'ayant que des sabots aux pieds, d'autres de mauvais souliers éculés, et presque tous qu'une chemise usée. Nous éprouvions aussi de grandes difficultés pour toucher la solde, qui venait d'être fixée à 1 fr. 25 pour les sous-officiers, et à 1 franc pour les caporaux, tambours et gardes. Nous parvînmes à surmonter tous ces obstacles, grâce au zèle, à l'activité infatigable et aux mesures intelligentes prises par M. de Jouvenel, alors sous-préfet de l'arrondissement de Bellac. Les hommes furent logés chez l'habitant, excepté cependant au Dorat, où la 4e compagnie fut casernée au séminaire.

L'instruction commença aussitôt ; la garde nationale sédentaire nous fournit quelques armes en très mauvais état, en attendant que nous fussions régulièrement armés. Un peloton dit d'*instruction* exercé par moi-même le matin, et composé de sous-officiers, de caporaux et de soldats intelligents, manœuvrait pendant une heure. Ces jeunes gens servaient ensuite d'instructeurs, et enseignaient aux mobiles ce qu'ils avaient appris eux-mêmes dans la matinée.

Nous eûmes connaissance, le 4 septembre, du désastre de Sédan, presque en même temps que de la proclamation de la République. Le nouveau gouvernement donna une grande impulsion à tous les préparatifs pour l'organisation de la garde mobile. On nous envoya des effets d'habillement, entre autres des vareuses en droguet et des képis, puis des sacs en toile ayant la forme de gibecières, et propres à contenir des cartouches, une chemise et du pain. Ces premières vareuses firent un meilleur usage que celles qu'on nous délivra plus tard dans le cours de la campagne. On nous distribua également des fusils modèle 1842 transformé, ce qui fit activer notre instruction.

Le 20 août, j'avais publié l'ordre du jour suivant :

ORDRE DU BATAILLON.

« Officiers, sous-officiers et gardes mobiles
» du 1ᵉʳ bataillon de la Haute-Vienne,

» Je viens d'être mis à votre tête, et, dès aujour-
» d'hui, je prends le commandement effectif du ba-
» taillon.

» J'ai pour mission de vous organiser, de vous ins-
» truire, et, si la Patrie le demande, de vous mener à
» l'ennemi. Cette tâche, quoique pénible et difficile,
» je ne la considère pas comme étant au dessus de
» mes forces, si, comme je l'espère, vous me prêtez tous
» un concours actif, intelligent et dévoué.

» A dater de ce jour, toutes les lois et tous les rè-
» glements qui régissent l'armée vous sont applica-
» bles ; mais, pour aboutir à de bons résultats, je
» compte sur votre zèle et votre patriotisme, et non
» sur les moyens de répression dont je puis dispo-
» ser.

» Désormais l'ordonnance du 2 novembre 1833, por-
» tant règlement sur le service intérieur des troupes
» d'infanterie, sera observée et mise à exécution dans
» les différentes compagnies de mon bataillon.

» Je recommande, d'une manière particulière, aux
» chefs de tout grade, de traiter leurs inférieurs avec
» la plus grande douceur, de devenir leurs guides
» bienveillants, et d'avoir envers eux tous les égards
» dus à des hommes dont la valeur et le dévouement

» doivent amener nos succès et préparer notre gloire.
» Les inférieurs doivent, de leur côté, une soumission
» complète, du respect et de la déférence à leurs su-
» périeurs, quel que soit d'ailleurs le grade dont ceux-
» ci sont revêtus.

» Prenons tous pour devise : HONNEUR ET PATRIE,
» VALEUR ET DISCIPLINE, et nous serons invincibles.

» VIVE LA FRANCE !

» Cet ordre sera lu à l'appel de onze heures, par les
» soins des officiers de semaine, en présence des com-
» pagnies formées en cercle.

» Limoges, 20 août 1870.

» *Le chef du 1er bataillon,*

» Signé : PINELLI. »

17 *Septembre* 1870. — Le général commandant la 21e
division militaire m'annonce officiellement qu'à dater
de ce jour les deux bataillons de la Haute-Vienne
passent sous l'autorité militaire, et dépendent désormais de son commandement.

18 *Septembre.* — Le 1er bataillon est à peu près équipé
et complétement armé ; mais il ne peut recevoir ni
souliers ni chemises.

22 *Septembre.* — Le 2e bataillon part de Limoges ; il
se rend, à cet effet, à la gare, où il s'embarque à six
heures du soir, et arrive à Nevers le lendemain 23, à
dix heures du matin.

23 *Septembre*. — Les trois compagnies du 1er bataillon stationnées à Bellac en partent à pied à six heure
du matin, pour Droux. — La 4e compagnie, qui était
au Dorat, part à sept heures du matin, et rejoint, en chemin de fer, à Droux, les trois premières compagnies.—
Départ de ces quatre compagnies à trois heures, et arrivée à Limoges, en gare, à dix heures du soir. — La 5e
compagnie est partie à pied, de Saint-Sulpice-les-Feuilles pour la Souterraine et a pris, à une heure, la voie ferrée pour se rendre à Limoges, où elle est arrivée bientôt après. — La 6e compagnie a quitté Rochechouart
le matin dudit jour, et a couché à Saint-Junien, d'où
elle est partie le lendemain 24 avec la 7e compagnie,
et sont arrivées toutes les deux le même jour à Limoges. — La 8e compagnie s'est mise en route le 23, de
Saint-Yrieix et Châlus, et a pris à Nexon, à dix heures
du matin, le chemin de fer pour Limoges, où elle est
arrivée peu de temps après. — Tout le premier bataillon a été mis à l'abri au manége poussiéreux de la
cavalerie. On a touché du linge et de la chaussure en
petite quantité, et on a distribué douze cartouches par
homme.

24 *Septembre*. — Le 2e bataillon se rend, par la voie
ferrée, de Nevers à Gien. Il part à quatre heures de
l'après-midi, et arrive à neuf heures du soir.

25 *Septembre*. — Le 1er bataillon part de Limoges,
en deux colonnes et par le chemin de fer, pour se
rendre à Nevers. La première colonne, forte de 400
hommes, quitte la gare à six heures ; l'autre colonne,
qui comprenait le reste du régiment, se met en mou-

vement à onze heures du matin. — Le bataillon se trouve
réuni à Nevers à onze heures du soir. — Les compagnies avaient été réduites à l'effectif de 400 hommes
avant de partir de Limoges, et l'excédant avait été
laissé au dépôt, par ordre du général de division, en
choisissant de préférence les malingres.

26 *Septembre*. — Départ en chemin de fer pour Gien,
à deux heures de l'après midi, après que le général
eût passé la revue du bataillon à Nevers. Arrivée à
Gien à sept heures du soir, où le 1er bataillon trouva
le 2e.

J'allai voir, le même jour, le général Nansouty qui,
à mon grand regret, me dit qu'il n'avait aucun ordre
à donner à la mobile, et que sa mission consistait à
commander la cavalerie. Il consentit cependant à
m'admettre, dès le lendemain, au nombre des officiers
qui assistaient à son rapport, ce qui me mit au courant de ce qui se disait, mais non de ce que nous
devions faire.

Pendant la nuit qui suivit notre arrivée, nous eûmes une alerte. On cria : *Aux Armes !* On se précipita
sur les quais sans qu'on pût se rendre compte du motif
de cette panique. On croyait à l'arrivée de l'ennemi,
tant les esprits étaient saisis de crainte ; il en était
cependant encore très éloigné. Les deux bataillons se
formèrent en bataille sur le pont de la Loire, que des
ouvriers étaient en train de miner. Nous avions, du
reste, l'ordre de défendre le pont si l'ennemi se pré-
sentait ; et, si la défense était impossible, nous devions
nous retirer sur Argent, situé à 20 kilomètres au sud

29 *Septembre*. — Nous ne restâmes qu'une semaine à Gien ; ce séjour fut mis à profit pour nous procurer des ceintures de flanelle, des couvertures, et même quelques ustensiles de cuisine, **M.** le sous-préfet Despond ayant reçu, ce jour-là, un télégramme de Tours annonçant que le préfet de la Haute-Vienne se plaignait que les mobiles de ce département fussent mal couverts.

Le temps passé dans cette ville fut employé par nous à l'instruction sur l'école des tirailleurs, que nous faisions exécuter dans le lit de la Loire, dont une très grande partie était à sec. Pendant un de ces exercices sur les galets, nous entendîmes un bruit insolite, puis des coups de fusil tirés dans l'eau du fleuve. La curiosité de chacun de nous fut attirée du côté d'où partaient ces coups de fusil, sans qu'on pût deviner le motif de ces décharges continuelles. On répandit aussitôt la nouvelle que des espions prussiens, voulant traverser la Loire à la nage, avaient été découverts à temps, qu'on les poursuivait, et qu'on tirait dessus dès qu'ils paraissaient à la surface de l'eau pour respirer. Il nous fut impossible de retenir nos hommes dans les rangs, tant il leur tardait à tous d'arriver des premiers pour prendre ou tuer ces soi-disant espions. Quand les esprits furent un peu calmés, nous apprîmes que les espions prussiens étaient tout bonnement deux loutres mâle et femelle qui, dérangées dans l'épanchement mutuel de leurs tendres amours, cherchaient à se soustraire à tous les regards indiscrets, tantôt en plongeant dans la profondeur des eaux, tantôt en reparaissant à la surface, poussées qu'elles étaient par le besoin de la respiration. L'une d'elles fut tuée, et on la promena dans une grande partie de la ville, où elle excita des rires universels, tandis que sa compagne, dont j'ai toujours ignoré le sexe, se laissait aller à la dérive pour porter au loin ses chagrins et son deuil.

1er *Octobre.* — Dans la nuit du 30 septembre au 1er octobre nous reçûmes, à l'hôtel de l'Ecu, M. le général de Pointe de Gévigny, commandant la subdivision de la Nièvre, qui venait à Gien, par ordre du ministre de la guerre, pour procéder à la réunion des deux bataillons de la Haute-Vienne, et en former un régiment. Nous travaillâmes toute la nuit à l'établissement des pièces nécessaires à cette organisation et à celui des mémoires de proposition pour les différents grades dont les emplois étaient vacants. Le matin du 1er octobre tous les procès-verbaux étaient prêts et signés, les deux conseils éventuels n'en formèrent plus qu'un seul, et le régiment prit le nom officiel de *régiment de la Haute-Vienne,* pour porter, quelques jours après, le n° 71 dans l'arme de la garde mobile. L'effectif des bataillons étant trop fort, chaque compagnie fut réduite à 171 sous-officiers et soldats : ce qui donnait un total de 1,200 hommes par bataillon, ne comptant plus que sept compagnies, les deux huitièmes ayant été désignées pour former le dépôt et se rendre à Limoges. Chacune de ces deux dernières compagnies reçut l'excédant de l'effectif de son bataillon, et on eut soin d'y verser de préférence les malingres, les hommes mariés ou les soutiens de famille. On distribua aux quatorze compagnies de guerre des cartouches à raison de 36 par homme, et toutes les troupes stationnées à Gien furent placées provisoirement sous les ordres de M. Boerio, colonel du 5ᵉ régiment de lanciers.

2 *Octobre.* — Le général reçoit, par télégramme, l'avis de ma promotion au grade de lieutenant-colonel pour prendre le commandement du régiment de la Haute-Vienne, et M. le capitaine Dutheillet de Lamothe me remplace comme chef du 1ᵉʳ bataillon. Le général nomme, sur ma proposition, les candidats présentés pour occuper les emplois vacants dans le cadre des officiers. Je complète aussi le même jour les cadres de sous officiers, caporaux et tambours. Une compagnie de grand'garde est envoyée au château de la Bussière, appartenant à M. de Chazeval, maire de cette localité.

Le conseil d'administration passe des marchés pour avoir des couvertures, des gilets de flanelle et quelques ustensiles de cuisine jugés indispensables ; et ces objets, dont la nécessité se faisait de plus en plus sentir au fur et à mesure que la saison devenait plus froide, furent immédiatement distribués à tous les hommes présents.

Le soir même, les deux compagnies de dépôt, sous les ordres du capitaine Périer, partaient par le chemin de fer pour Limoges.

Nous cherchâmes, mais en vain, à nous procurer des cartes pouvant nous donner de bons renseigne-

2.

ments topographiques sur le pays que nous pourrions parcourir. Je fus obligé de m'adresser à l'administration des ponts et chaussées, et l'ingénieur de Gien me fit donner une carte très détaillée du département du Loiret. Il eût été à désirer que, pendant toute la campagne, les officiers supérieurs eussent eu en leur possession des cartes provenant des ingénieurs ainsi que de l'administration des Eaux et forêts des pays dans lesquels on opérait : elle eussent été des guides précieux, dont nos ennemis étaient largement pourvus.

4 Octobre. — Le 1er bataillon se rend dans la forêt d'Orléans, du côté d'Ouzouer-sur-Loire, pour relever le régiment de l'Aveyron qui y était de grand'garde. Il part précédé d'une avant-garde ; il s'arrête à Dampierre, où se trouvent le château et le magnifique parc appartenant à M. Béhague. Après s'y être reposé un instant, il prit à droite, et entra dans la forêt de Châteauneuf, dépendant de celle d'Orléans. On ne pouvait dresser les tentes, puisqu'on n'avait aucun effet de campement ; quelques officiers firent construire des gourbis, comme cela se pratique en Afrique.

Le 2e bataillon prenait, le même jour, la voie ferrée pour se rendre à Montargis. Il quittait Gien à quatre heures du soir, arrivait à cinq heures à destination, et y campait.

6 octobre. — Ce bataillon lève le camp et se met en route pour la forêt de Montargis à deux heures de l'après-midi, arrive à quatre heures. Il est remplacé dans la ville de Montargis par le 1er bataillon arrivé dans la soirée.

Les deux bataillons partent à pied, un peu avant minuit, pour Beaune-la-Rolande, où ils entrent le lendemain 7, à six heures du matin. Ce mouvement avait lieu par ordre du général Nansouty, qui expédia de Gien le télégramme suivant :

« 6 Octobre 1870, 5 h. soir.

» *Général Nansouty à colonel Pinelli.*

» Prenez vos précautions pour partir demain matin,
» de façon à vous trouver, avec vos deux bataillons, à
» Beaune-la-Rolande à 6 heures du matin. »

Vu la trop grande distance qui nous séparait du lieu de destination, l'heure avancée de la nuit et les difficultés que j'éprouvais à rallier tout mon monde dans un délai très court, je demandai au général, par voie télégraphique, l'autorisation de me servir du chemin de fer jusqu'à la station la plus rapprochée de l'objectif. Il me répondit aussitôt par la dépêche suivante :

« Gien, 6 octobre 1870, 6 h. 55, soir.

» *Général Nansouty à colonel Pinelli.*

» — Non, vous partirez à pied par la route de
» Beaune-la-Rolande, où vous serez rejoint par la
» cavalerie. Vous *l'y attendrez*, et vous arriverez à six
» heures du matin. »

Nous partîmes donc vers minuit, après avoir fait prévenir le 2e bataillon, qui était dans la forêt, de nous

rejoindre sur la route. Me croyant au milieu des ennemis, je marchai avec précaution et le plus grand
silence, précédé d'une avant-garde à une assez grande
distance, et flanqué de nombreux tirailleurs. Comme
je m'imaginais qu'il était de la dernière importance
d'arriver à Beaune-la-Rolande à l'heure prescrite,
pensant que notre mouvement faisait partie d'une
combinaison stratégique, je pressai la marche, m'ar-
rêtant le moins possible, et les haltes n'étant que de
cinq minutes. Enfin, j'exécutai ponctuellement l'ordre
qui m'était donné, et j'arrivai sur la place du marché
de Beaune, au moment même où six heures sonnaient
à l'horloge.

Les habitants, qui étaient loin de nous attendre,
furent surpris de cette entrée inopinée dans leur
petite localité, et nous accueillirent tous avec des
transports de joie. Nos mobiles eurent à boire, à
manger, et furent traités en enfants gâtés par tous ces
braves gens à qui les Prussiens devaient, peu de
temps après, faire payer bien cher le patriotisme, en
les massacrant en partie, et en incendiant leurs maisons.

Nous attendîmes en vain la cavalerie qui m'était
annoncée par le général Nansouty, et avec laquelle je
devais probablement me porter sur un autre point, qui,
selon moi, n'aurait pu être que Pithiviers, souvent
visité par l'ennemi pour y faire des réquisitions de
toute nature. Après être resté une partie de la journée
dans les plus grandes angoisses, je demandai au maire
de me procurer les moyens de correspondre avec le

général pour lui faire connaître ma position et provo-
quer de nouveaux ordres. Mais le maire me répondit
« que le télégraphe avait été détruit par les Allemands, et qu'il n'y avait plus un seul gendarme dans
la commune. » J'attendis donc les événements, mais
non sans prendre toutes les précautions possibles pour
éviter une surprise. Je fis placer des postes avancés à
de très grandes distances de Beaune, notamment aux
points de bifurcations des routes et chemins, établir
des grand'gardes près de la ville, et enfin des postes
intérieurs. J'envoyais très souvent aussi des recon-
naissances dans toutes les directions ; l'une d'elles,
qui s'était portée sur Egry, route de Beaumont, me
ramena trois hommes suspects qui étaient certaine-
ment des espions. Deux de ces prisonniers avaient
l'accent germanique bien prononcé. J'ai trouvé en
leur possession, une carte faite à la plume, et donnant
une foule de détails topographiques sur le pays. Ce
croquis, tracé à la hâte, indiquait surtout les chemins
conduisant à certains châteaux désignés, probablement destinés à être pillés ou tout au moins réquisi-
tionnés. Ces hommes avaient aussi une cartouchière
bien garnie et des objets de petite monture ayant ap-
partenu à des soldats français. J'ai toujours regretté
de n'avoir pas eu, dans ce moment, l'autorité nécessaire pour les traduire devant une cour martiale. Je
les ai livrés au maire, qui les a fait partir, sous bonne
escorte, pour Ladon, et le maire de cette dernière localité les dirigea sur Montargis, où ils furent mis à la disposition du sous-préfet. J'ignore ce qu'ils sont devenus.

Nous restâmes trois jours à Beaune-la-Rolande. Cette petite ville, qui faisait autrefois partie du duché de Montmorency-Beaumont, mérite une mention honorable dans le récit de la campagne, non-seulement par sa défense héroïque contre le prince Frédéric-Charles, mais encore par les sentiments patriotiques qu'elle nous a manifestés en nous accueillant avec un si généreux empressement, tandis que, dans d'autres pays, on nous refusait quelquefois le nécessaire, même en échange de beaucoup d'argent, et cela dans l'intention d'être agréable aux Allemands et dans l'espoir surtout de n'en recevoir aucun mal.

10 *octobre*. — Dans la nuit du 9 au 10, un bataillon du régiment de l'Aveyron, fatigué par une longue marche, arrive à Beaune ; il est bientôt suivi par de l'artillerie en triste état et par un régiment de cavalerie légère dont les chevaux avaient de la peine à se tenir sur les jambes. Le colonel Rouher, qui commandait ce régiment, m'expliqua alors le motif pour lequel je n'avais pas vu de cavalerie le 7 au matin, contrairement à l'ordre donné par le général Nansouty, dans son télégramme du 6. Il me dit qu'il devait, en effet, venir me rejoindre à Beaune ; mais qu'il avait reçu, en route, l'ordre de prendre une autre direction : ce dont personne ne m'avait instruit, et voilà pourquoi deux bataillons qui auraient pu être utiles à Pithiviers, sont restés inactifs pendant trois jours, ayant été oubliés dans un des coins de l'échiquier des opérations. Comme les troupes qui venaient de traverser la ville étaient en pleine retraite, et qu'elles se diri-

geaient ou sur Bellegarde ou sur tout autre point,
je pris sur moi de réunir mon régiment, et de partir,
à 10 heures du matin, pour Montargis, où nous fîmes
notre entrée à 6 heures du soir. Si je n'eusse pas pris
cette détermination, il est certain que nous nous serions probablement trouvés dans la triste et pénible
nécessité de capituler devant des forces numériques
très supérieures, car nous aurions évidemment été
coupés de notre ligne d'opérations. Pendant notre
marche, dans la journée du 10, nous entendîmes une
vive canonnade sur notre gauche.

Nous trouvâmes à Montargis, les deux compagnies
de dépôt qui n'avaient fait que toucher barre à Limoges, et qu'on nous avait renvoyées, je ne sais trop
par quel ordre, au moment même où nous avions besoin de nous outiller pour combattre, sans être obligés
de traîner à la remorque des *impedimenta* dont la
place n'était nullement sur le théâtre de la guerre.

11 *Octobre*. — Le 2ᵉ bataillon, qui avait fait faire
des démarches à Tours pour obtenir des fusils modèle
1866, reçoit ces armes à Montargis, et les fusils modèle
1842 transformé sont laissés au maire de cette ville,
qui s'en sert pour compléter l'armement de la garde
nationale sédentaire. Le même jour, le général Martin
des Pallières envoie de Gien l'ordre de recevoir en
subsistance au régiment deux ouvriers armuriers appartenant à l'infanterie de marine, et de leur fournir
les outils et l'emplacement nécessaires pour la répara-
tion des armes. On les installa chez un forgeron, et ils
purent s'occuper de suite des réparations légères.

12 *Octobre*. — Nous partons à pied, à deux heures de l'après-midi, pour nous rendre à Briare ; arrivée à sept heures du soir à Nogent-sur-Vernisson, première étape.

13 *Octobre*. — Départ à huit heures du matin, rendus à La Bussière à onze heures, deuxième étape. Les officiers sont presque tous logés au château.

14 *Octobre*. — Séjour.

15 *Octobre*. — Nous quittons La Bussière à cinq heures du matin, et nous arrivons quatre heures après, à neuf heures, à Briare. La route descend, dans cette ville, par une côte assez longue, d'où l'on jouit d'un panorama magnifique des bords de la Loire. Nous trouvâmes, sur notre chemin, des routes coupées par des ouvrages qui ne pouvaient nullement arrêter la marche des Prussiens. Ces obstacles, qui avaient demandé bien du travail et des dépenses, nous étaient plus nuisibles qu'à l'ennemi.

16 *Octobre*. — Un ordre du général Martin des Pallières nous prescrit de nous rendre à Bourges. Le 2e bataillon, qui avait reçu ses tentes, devait voyager par étape, tandis que le 1er bataillon, qui n'avait pas encore d'effets de campement, devait faire ce trajet par la voie ferrée. Le 2e bataillon partit à six heures du matin, et arriva à Léret (Cher), à cinq heures du soir ; première étape. — Le 1er bataillon, qui s'embarquait à la gare de Briare à onze heures du matin, était rendu à Bourges à sept heures du soir ; et on le logeait chez l'habitant.

17 *Octobre*. — Départ du 2e bataillon de Léret à

sept heures du matin pour Sancerre (Cher), où il arrive à quatre heures du soir, deuxième étape.

18 *Octobre*. — Séjour à Sancerre.

19 *Octobre*. — Départ à sept heures du matin, arrivée à Les Aix à une heure de l'après-midi ; troisième étape.

20 *Octobre*. — Mise en route à sept heures du matin, arrivée à Bourges, destination, à trois heures du soir.

Ce fut vers cette époque que le général Chanzy fit son apparition à Bourges pour prendre le commandement de la 3e division du 16e corps en formation. Le général produisit sur nous une excellente impression ; il me reçut immédiatement, et, dans la conversation que nous eûmes ensemble, il me parut très entendu et fort capable de commander des troupes devant l'ennemi. Après cet entretien, je dis à mes officiers que nous avions enfin un général, et que nous devions nous estimer heureux d'être dans sa division. Le général Chanzy m'apprit, en effet, que nous faisions partie, avec le 40e de marche, de la 2e brigade de la 3e division du 16e corps, et que cette brigade serait placée sous les ordres du général Seatelli, attendu sous peu. Nous ne devions cependant jamais le voir, car on n'entendit plus parler de lui.

21 *Octobre*. — Le 1er bataillon touche, à l'arsenal, des fusils modèle 1866, en remplacement de ceux modèle 1842 transformé, versés à l'artillerie. Toutes les pièces mobiles de rechange furent données en si

3

petite quantité, que le besoin d'en posséder d'autres
se fit bientôt sentir. Je renouvelai souvent des deman-
des de ce genre dans le cours de la campagne, mais
toujours sans succès. Il est évident que l'artillerie a
constamment manqué de ces pièces de rechange pendant tout le temps de nos opérations militaires, et que
les troupes, du moins celles qui étaient avec nous,
n'ont jamais pu en obtenir. Il ne nous a pas été possible de nous procurer les aiguilles, têtes mobiles,
ressorts à boudin et obturateurs qui nous faisaient
défaut, et qui mettaient hors de service une assez
grande quantité de nos armes.

22 *Octobre*. — Tous les hommes sont pourvus de
tentes-abris et d'ustensiles de cuisine. — On campe
au polygone changé en un lac de boue : c'était peu
hygiénique, surtout pour des jeunes soldats ; mais il
fallait se conformer aux ordres formel du gouvernement prescrivant aux généraux de faire camper toutes
les troupes.

23 *Octobre*. — Le régiment est porté à trois bataillons, le général Chanzy ayant obtenu du ministre de
la guerre la formation d'un 3e bataillon, afin de rendre l'unité de tactique plus maniable, en la ramenant
à un effetif moins élevé. Le capitaine Périer fut
promu au grade de chef de bataillon, prit le commandement du 3e, et il eut au régiment un avancement
considérable.

25 *Octobre*.— Les trois 8e compagnies, désignées comme compagnies de dépôt, et comprenant ensemble huit

officiers et trente sous-officiers et soldats, se rendent à Limoges. Elles partent à cinq heures du soir par le chemin de fer, et arrivent à destination le lendemain matin, 26 du courant.

26 *Octobre*. — Le général Chanzy part pour Vendôme avec la 1re brigade de sa division, et laisse le commandement des troupes stationnées à Bourges au général de Polhès. La 2e brigade, dont le 71e de mobiles faisait partie, fut placé sous les ordres du lieutenant-colonel Bonnet, commandant le 40e de marche, qui n'avait encore que deux compagnies organisées. Enfin, nous étions embrigadés ; nous appartenions à une division ayant un numéro dans un corps d'armée en voie de formation : c'était quelque chose pour nous, qui, jusqu'à ce moment, avions été livrés, pour ainsi dire, à nous-mêmes.

Si, au lieu de nous lancer au hasard sur toutes les routes du département du Loiret, on nous eût donné le temps de nous habiller, nous équiper, nous munir de tout ce dont nous avions besoin ; si on nous eût permis de nous instruire, nous discipliner, faire quelquefois des marches militaires, nous exercer au tir à la cible, il est évident qu'on aurait pu tirer de la mobile des résultats bien plus satisfaisants que ceux obtenus de ces jeunes gens pleins de patriotisme, remplis de bonne volonté, mais marchant à l'aventure et manquant presque de tout.

30 *Octobre*. — Départ d'un bataillon à neuf heures du matin, et des deux autres dans la journée, pour Salbris,

où l'on se rend par la voie ferrée. Les premières troupes
arrivent à deux heures, les dernières à huit heures du
soir, et tout le régiment campe sur un terrain sablon-
neux, entre le 40ᵉ de marche faisant partie de notre brigade (2ᵉ de la 3ᵉ division du 16ᵉ corps), et le régiment de
l'Aveyron, qui n'était pas même de notre division.

L'emplacement que nous occupions derrière la gare
et sur la droite de Salbris nous paraissait un séjour
délicieux en le comparant au polygone fangeux de
Bourges.

1ᵉʳ *Novembre*. — Le général, son état-major, la plupart des officiers et une multitude de soldats appartenant à divers corps, assistent à la messe dite dans
l'église de Salbris, à l'occasion de la Toussaint, par
l'aumônier du régiment, M. l'abbé Fagois. Quelques-
uns s'approchent de la sainte table et reçoivent le
sacrement de l'Eucharistie.

4 *Novembre*. — Le régiment seul change de campement, et se porte à quelques centaines de mètres en
avant de Salbris, sur la gauche de la route d'Orléans,
et à quatorze lieues de cette dernière ville.

C'est à cette époque que le général de Polhès, qui
avait provisoirement le commandement des troupes
réunies à Salbris, fut mis en disponibilité. Dans son
ordre du jour d'adieux, le général prétendait se retirer parce qu'il avait la *vue mauvaise*. Le général de
Faye, qui avait momentanément abandonné la subdi-
sion territoriale du Cher pour accompagner le général
de Polhès, lui succéda en attendant l'arrivée d'un

autre chef et nous fûmes placés sous ses ordres.

Avant de partir de Salbris, le général qui nous quittait adressa aux troupes l'ordre du jour ci-après et dont je viens de parler :

ORDRE GÉNÉRAL.

« Le ministre de la guerre a cru devoir, par suite de
» l'affaiblissement progressif de ma vue, me placer dans
» la position de disponibilité, et a désigné, pour me
» remplacer, le général de division Mazure, comman-
» dant la 17ᵉ division militaire. C'est avec le plus vif
» regret que le général de division se sépare des trou-
» pes sous ses ordres, et surtout de cette jeune garde
» mobile, à l'organisation de laquelle il avait consacré
» tous ses soins et sa longue expérience militaire ;
» il emporte, du moins, la satisfaction de voir que les
» régiments de cette garde tiennent déjà leur place au
» milieu des brigades et des divisions de notre armée.

» Par leur exacte discipline, leur obéissance passive,
» leur zèle à se façonner au plus vite à la vie militaire,
» ils contribueront, avec leurs camarades de l'armée,
» à présenter à l'ennemi un rempart invincible.

« Salbris, le 1 novembre 1870.

» *Le général de division commandant*
» *supérieur de la région du centre,*

» Signé : DE POLHÈS. »

3.

Des bruits d'armistice couraient depuis quelques jours ; mais on nous annonça bientôt que les négociations étaient interrompues, et que les hostilités allaient être reprises partout.

7 *Novembre*. — Défense de faire des feux la nuit et de se servir des tambours et clairons dans le service, à cause de la proximité de l'ennemi.

8 *Novembre*. — Distribution de vareuses et de pantalons aux plus nécessiteux, des tricots, des flanelles à tout le monde, et enfin d'une grande quantité d'effets, de linge et de chaussure.

9 *Novembre*. — Le régiment part à cinq heures du matin pour la Mothe-Beuvron, où il arrive à onze heures. Il précédait, de deux heures au moins, le reste des troupes, pour escorter un convoi de 300 voitures. On prétendait que l'ennemi était près de nous, et que nous pourrions fort bien être attaqués : dans cette hypothèse, je m'étais fait éclairer en avant et sur les flancs, mais le convoi était si long, que mon régiment n'eût pas suffi à sa défense. S'il était vrai que l'ennemi fût assez près de nous pour nous combattre, on fit une grande faute en ouvrant la marche par un convoi considérable qu'il eût été impossible de protéger, et qu'on n'aurait même pas eu le temps de détruire.

A la Mothe-Beuvron, nous campâmes dans le parc appartenant à l'ex-empereur. On lisait sur les murs l'inscription : *Propriété nationale*. Aussi rien n'y fut-il touché. Je crois même que les animaux de la ferme-modèle y étaient encore.

10 *Novembre*. — On quitte la Mothe-Beuvron à huit heures moins un quart du matin, et on se dirige du côté d'Orléans, où on espérait entrer le même jour, si les Bavarois avaient été réellement chassés de cette ville, comme on l'espérait. On arrive à la Ferté Saint-Aubin, où l'on s'arrête, pendant deux heures, dans une prairie, par une pluie battante, attendant de nouveaux ordres. Enfin, nous nous mettons en marche et nous allons camper, à huit heures du soir, dans un bois de sapins, sur la gauche de la route, et à deux kilomètres d'Olivet. La nouvelle position que nous occupions indiquait clairement que la ville d'Orléans était évacuée par l'ennemi.

11 *Novembre*. — Nous quittons notre bois de sapins, à huit heures et demi du matin, pour nous rendre à Orléans, où nous arrivons à onze heures. Cette ville, où Mgr Dupanloup fit preuve de tant de dévouement et de patriotisme en résistant de son mieux à toutes les exigences de nos ennemis, laissa éclater tout son enthousiasme dès que nous y pénétrâmes ; on criait surtout : *Vive la France! Vive la mobile!* Sur notre passage, des religieuses, placées à la tête de petites filles qui formaient la haie, les excitaient à nous acclamer. Les habitants venaient au-devant de nous, et portaient des vivres à nos soldats. On nous fit camper sur les boulevards, le 40ᵉ de marche étant au-dessous de la position que nous occupions ; mais le terrain était boueux et très peu engageant pour s'y installer. Aussi les Orléanais, indignés, pour ainsi dire, de

voir nos hommes forcés de coucher au milieu de la
boue dans une ville où les Allemands logeaient naguè-
re dans les plus beaux hôtels et les meilleures maisons,
vinrent chercher nos mobiles qui plièrent leurs tentes,
et allèrent jouir de tout le confort qu'on leur offrait
si gracieusement. On distribua, ce jour-là, des vareuses et des caleçons.

12 *Novembre*. — Notre séjour à Orléans ne fut pas
long. Nous partîmes, en bon ordre, à dix heures du
matin, nous traversâmes Olivet, et nous campâmes
dans un taillis situé à un kilomètre plus loin, sur la
droite de la route ; il était alors midi.

13 *Novembre*. — Je passe la revue du régiment dans
une plaine, en face du bois et de l'autre côté de la
route. La tenue est bonne, la santé excellente, l'attitude martiale, le défilé admirable. Comme témoignage
de ma satisfaction, toutes les punitions sont levées et
l'on rentre au camp.

14 *Novembre*. — Nous levons le camp, et nous nous
mettons en route, à sept heures du matin, pour nous
porter sur Saint-Péravy-la-Colombe, à cinq lieues
d'Orléans ; nous y arrivons à six heures du soir. En
entrant dans ce petit bourg, je ne savais où aller ;
nous n'avions avec nous aucun chef de brigade, le
général de Faye, qui nous avait provisoirement commandés jusque-là, étant parti pour retourner à Bourges, son poste territorial. Je rencontrai un général ;
je l'accostai et le priai de me dire où il fallait me ca-
ser avec mon régiment : « Je n'ai rien à vous ordon-

ner, me répondit-il, je commande la cavalerie, et le
reste ne me regarde pas. » — « Je suis fâché alors de
n'être que de l'infanterie, » ai-je riposté en riant, et je
continuai ma marche, Après avoir traversé le bourg,
j'aperçus un terrain libre, sur ma droite ; je m'y
engageai, et m'y arrêtai. A peine y étais-je, qu'un
officier d'état-major vint m'apporter l'ordre d'aller
quelques pas plus loin, et de camper dans un champ
de blé dont l'herbe était déjà haute. Je m'y installai
à regret. C'était la première fois que nous foulions
aux pieds la future récolte : nous devions plus
tard nous y habituer, car, à dater de ce jour, nous
avons dévasté tous les pays parcourus par nous, et
cela par le fait seul de notre passage ou de notre
séjour sur des terrains cultivés et ensemencés. Notre
camp était près du château qu'habitait le général
Chanzy avec tout son état-major. Les environs étaient
couverts de ruines faites par l'ennemi. Dans notre
trajet d'Orléans à Saint-Péravy-la-Colombe, nous
eûmes occasion de constater les dégâts résultant du
passage des Bavarois. Des maisons abandonnées, à
moitié ouvertes et pillées ; d'autres endommagées par
des projectiles. — Par-ci par-là, des tombes encore
fraîches et des chevaux tués. Partout la tristesse, la
désolation et la misère.

15 *Novembre*. — Nous recevons deux jours de
vivres de réserve. Je recommande expressément,
et je renouvelle chaque jour par la voie du rapport,
l'ordre formel de ne pas toucher à ces vivres, qui de-

vront être notre seule ressource en traversant un pays ravagé par les armées allemandes. — J'ai eu le regret de constater, quelques jours après, que nos mobiles n'avaient pas tous suivi mes prescriptions, ce dont ils furent les premières victimes, *jurant, mais un peu tard, qu'on ne les y prendrait plus.*

Le général Chanzy, commandant le 16e corps d'armée, m'écrit pour m'informer qu'il me donne le commandement de la 3e division de ce corps. J'ai fait paraître, à ce sujet, l'ordre du jour suivant :

ORDRE DU JOUR.

16e CORPS. — 3e DIVIVISION.

« Par ordre du général commandant le 16e corps de
» l'armée de la Loire, je prends, à dater de ce jour, le
» commandement des troupes stationnées au camp de
» Saint-Péravy-la-Colombe, et qui font partie de la
» 3e division d'infanterie de ce corps, savoir :
» 71e Régiment de la garde mobile,
» 40e Régiment de marche,
» 20e Batterie du 14e régiment d'artillerie.
» Les chefs de corps voudront bien se mettre direc-
» tement en relation avec moi pour tout ce qui con-
» cerne les différents services.
» Une situation journalière me sera adressée chaque
» jour à cinq heures du soir, pour que je puisse la
» transmettre le lendemain matin, de très bonne
» heure, au général commandant le corps d'armée.

» Toutes les troupes composant cette division et qui
» arriveront successivement au camp seront également
» ment placées sous mes ordres, jusqu'à ce qu'un offi-
» cier général puisse en prendre le commandement.

» Camp de Saint-Péravy-la-Colombe, 16 novembre 1870.

» *Le lieutenant-colonel du 71e régiment de la garde*
» *mobile, commandant provisoirement la 3e division*
» *d'infanterie du 16e corps,*

» Signé : PINELLI. »

16 *Novembre.* — Le lieutenant-colonel Suite, chef
d'état-major de l'artillerie, m'informe officiellement
qu'il ne peut me faire donner des pièces de rechange
pour les fusils modèle 1866 et qu'il adresse, à ce sujet,
une demande au ministre. J'ai, mais en vain, fait
tous les efforts imaginables, dans le cours de la campagne, pour obtenir ces pièces, jugées pourtant indispensables, surtout pendant la guerre.

17 *Novembre.* — On distribue quelques vareuses,
des pantalons, des caleçons et des guêtres blanches.
On donne aussi quelques hachettes par compagnie, et
des cartouchières pour tout le monde.

La 3e compagnie du 1er bataillon part à six heures
trois quarts du matin pour se rendre à Lignerolles, près
Patay. Placée sous les ordres du capitaine Couronnel,
elle fait environ cinq kilomètres, et arrive à destination
à huit heures. Son rôle consistait à appuyer les opérations de la cavalerie. Elle prend position en avant de
Lignerolles, du côté de Patay, et s'entoure de petits

postes ayant des sentinelles qui se relient de manière à éviter toute surprise. Le capitaine de Couronnel se met sous les ordres de M. Barbut, qui, en sa qualité de colonel remplissant les fonctions de général, avait le commandement de toutes les troupes cantonnées à Patay et dans les environs.

Aussitôt que cette compagnie fut arrivée, une jeune femme, tout à fait inconnue dans le pays, vint offrir aux mobiles du vin contenu dans une grande bouteille en terre, se contentant, pour tout payement, de quelques propos galants qu'on lui débitait, et qu'elle paraissait accueillir avec plaisir. Elle était, du reste, si aimable qu'on ne pouvait lui refuser ce qu'elle donnait avec tant de grâce. Dès qu'elle fut partie, sans qu'on ait pu savoir ce qu'elle était devenue, on s'aperçut que tous les soldats qui avaient goûté de ce liquide si gracieusement offert étaient tellement ivres, qui leur eût été impossible de faire le moindre service. Il est probable que cette femme avait été chargée par l'ennemi, moyennant salaire, du rôle odieux qu'elle venait de remplir.

On fusilla, à Patay, un habitant de Lignerolles, reconnu pour avoir servi d'espion aux Prussiens. On passa aussi par les armes un meunier qui avait mis son moulin au service de l'ennemi, en lui faisant des signaux ayant une certaine signification.

18 *Novembre*. — Nous partons, à neuf heures du matin, pour Les Barres, où nous arrivons à deux heures de l'après-midi. Pendant la nuit, une section de la compagnie de Couronnel commandée par le

capitaine, se rend à Sougy, à dix kilomètres de Lignerolles, où reste l'autre section de cette compagnie, ayant
à sa tête M. le lieutenant de Beircix. Le but de ce dé-
placement était de soutenir une reconnaissance de
cavalerie qui devait sortir de Sougy à quatre heures
et demie du matin. La section de la mobile arriva
dans cette dernière localité un peu avant le départ
des cavaliers préposés à la reconnaissance, qui fut
poussée jusqu'à Janville, au-delà d'Artenay, sans
avoir rencontré l'ennemi. La présence du capitaine de
Couronnel n'étant plus nécessaire à Sougy, il renvoya
sa troupe à Lignerolles, tandis qu'il se portait de sa
personne à Patay pour rendre compte de sa mission
au colonel Barbut.

19 *Novembre.* — Le régiment reçoit cent capotes
que je fais donner de préférence aux gardes dont les
vareuses sont hors de service. On distribue également
des souliers à ceux qui en ont besoin; mais ils sont, en
général, trop petits pour nos mobiles, dont la taille
moyenne est beaucoup plus élevée que celle de l'infanterie de l'armée permanente. Il nous fallait pas
mal de paires de souliers de 31 à 33 points, tandis
qu'elles s'arrêtaient, en général, à la pointure de 28
et 29. Cette circonstance fâcheuse fut cause que de
nombreux mobiles n'étaient pas chaussés, tandis que
plusieurs centaines de paires de souliers qui ne
pouvaient être utilisées étaient restituées à l'in-
tendance.

21 *Novembre.* — Je reconnais à cheval, accompagné
de mes chefs de bataillon, à neuf heures du matin, le

4

terrain sur lequel nous devions combattre, si l'ennemi nous attaquait. Il y avait, à quatre cents mètres en
avant, de chaque côté de la route de Saint-Péravy, des
ouvrages de fortification passagère que nous étions
chargés de défendre en cas d'alerte. J'indiquai à
chaque chef de bataillon la portion de terrain qu'il
devait occuper avec sa troupe, et les dispositions à
prendre pour combattre. A droite était un redan, et à
gauche était une ligne à crémaillère, je crois ; un con-
ducteur des ponts et chaussés élevait, près de cet ou-
vrage, des épaulements pour une batterie. Je fus
frappé de la mauvaise position qu'on voulait donner à
notre artillerie, et fis remarquer à l'employé qui dirigeait les travaux que nos pièces seraient facilement
enfilées. — Il me répondit : « que la même observa-
tion lui avait été faite la veille par un général qui était
passé par là ; mais que lui, chargé d'exécuter des
ordres reçus, ne pouvait que s'y conformer. »

L'aumônier du régiment fait, à dater de ce jour, et
à cinq heures du soir, une conférence religieuse
dans l'église de Boulay.

22 *Novembre*. — M. de Couronnel rentre au camp
avec sa compagnie, après un service très pénible
d'avant-postes, dans lequel il a déployé beaucoup de
zèle et d'intelligence, et qui lui fait le plus grand honneur.

23 *Novembre*. — On ordonne de découper, à l'em-
porte-pièce, des numéros 71 sur du drap garance, pour
que tous les sous-officiers et soldats du régiment
puissent coudre ce numéro sur les képis. M. le lieute-

nant Duportal est chargé de veiller à l'exécution de cet ordre.

Quelques diarrhées s'étant déclarées au régiment, le colonel prescrit des mesures hygiéniques en recommandant aux compagnies de mettre du riz dans la soupe et d'en conserver une certaine quantité pour en faire de la tisane ; d'établir des rigoles autour des tentes pour faciliter l'écoulement de l'eau en exhaussant le terrain du côté de la toile.

Le général Morandy, désigné pour commander la 3ᵉ division, arrive au camp, et, dès ce jour-là, nous sommes sous ses ordres immédiats.

24 *Novembre.* — Notre division s'ébranle à onze heures du matin pour aller camper à Janvry, entre Boulay et Gisy, et y occuper le terrain laissé libre par le départ de la 3ᵉ division du 15ᵉ corps. — Ordre de marche : le fourgon du trésor et quatre gendarmes d'escorte ; les 1ᵉʳ et 2ᵉ bataillons du 71ᵉ régiment de la mobile ; les gendarmes de la prévôté ; le 3ᵉ bataillon du 71ᵉ de mobiles qui forme l'arrière-garde. On marchait par le flanc et par quatre. Le convoi ne devait pas bouger avant nouvel ordre ; un détachement de 100 hommes restait pour le garder.

26 *Novembre.* — Par ordre du général commandant la division, sept hommes du régiment sont mis en subsistance dans une des batteries de cette division, pour y servir en qualité de canonniers auxiliaires.

27 *Novembre.* — Le colonel ordonne aux commandants de compagnie d'acheter du vin sur le boni des

ordinaires, et de le faire distribuer à raison d'un demi-litre par homme et par jour.

28 *Novembre*. — Distribution par le génie de pelles, de pioches, de haches, etc. — Les soldats choisis et désignés pour porter ces outils qui devront être marqués aux numéros du régiment, du bataillon et de la compagnie, toucheront un supplément de solde de 5 centimes par jour.

30 *Novembre*. — On reçoit l'ordre d'aligner les vivres jusqu'au 2 décembre inclus, et on porte le nombre de cartouches à 90 par homme. — Arrivée d'un certain nombre de soldats venant du dépôt. — Distribution des havre-sacs qu'on n'avait encore pu recevoir.

1er *Décembre*. — Départ à midi : arrivée, à deux heures de relevée, à Sougy, où l'on campe. On entendait, de derrière le village, une vive canonnade dans la direction de Terminiers, situé à six kilomètres environ. En se portant sur une légère éminence en avant, on apercevait, à la chute du jour, la lueur des obus et les incendies allumés par l'ennemi. L'horizon paraissait en feu.

2 *Décembre*. — On leva précipitamment le camp vers trois heures et demie du matin, et on se mit en marche à quatre heures, dans la direction de Terminiers, où nous arrivâmes à sept heures et demie, pour nous arrêter en avant de ce bourg, où nous fîmes le café. Nous en partîmes à huit heures et demie. On entendit le canon dès que nous fûmes à un kilomètre de Terminiers, et nous entrâmes en ligne à dix heures,

en face du village de Lumeau, dont les hauteurs étaient garnies d'artillerie ennemie.

Depuis notre départ de Sougy, nous avions fait une marche en bataille en avant très fatiguante, surtout pendant la nuit, à travers les champs labourés dont les sillons arrêtaient nos soldats en les faisant trébucher et quelquefois tomber. Le temps était très-froid, et la terre gelée ne contribuait pas peu à rendre notre marche pénible et difficile.

Notre division formait une ligne de bataille de bataillons en colonne par division à demi-distance de déploiement, ayant à l'aile droite le 40e de marche, à l'aile gauche le 8e régiment de mobiles (Charente-Inférieure), et au centre le 71e de mobiles (Haute-Vienne). L'artillerie marchait en avant de la ligne de bataille, et le tout était couvert de tirailleurs. C'est dans cet ordre que nous nous présentâmes à l'ennemi.

Avant de raconter les détails de la lutte, je tiens à constater que nous eussions beaucoup moins souffert et que nous fussions arrivés beaucoup plus tôt sur le champ de bataille, ou que nous nous serions reposés plus longtemps à Terminiers dans le cas où on aurait fixé une heure précise pour l'attaque, si on nous eût ordonné de prendre tout bonnement la route, au lieu de nous faire tomber, pendant la nuit, comme des capucins de cartes, dans les sillons durcis par la gelée. Nous n'avions, en cela, qu'à imiter les Prussiens, qui exécutent, à moins d'être forcés de faire le contraire, toutes leurs marches, surtout celles de nuit, sur les routes les plus praticables, en ayant soin de garnir toute la largeur de la route, et de laisser entre chaque compagnie un intervalle de trente pas, afin d'avoir toute liberté dans les mouvements, et ne pas éprouver de ces à-coups et de ces temps d'arrêt qui brisent les jambes des soldats et causent presque toujours du désordre.

Le résultat de cette marche de nuit à travers champs s'est traduit pour nous par la perte de nos fourgons qui portaient nos bagages, et que nous n'avons pu retrouver que cinq jours après, en arrivant à Blois.

Dès que nous fûmes en présence de l'ennemi, nos pièces de quatre se mirent en batterie sur un terrain légèrement incliné, et les bataillons en colonne furent placés derrière l'artillerie, à vingt mètres environ. Cette position me parut si mauvaise que je fis défiler mon 2ᵉ bataillon par un pli de terrain ; j'allais faire placer successivement les deux autres bataillons un peu plus en arrière et à peu près à l'abri des projectiles qui commençaient à pleuvoir, lorsqu'un officier d'ordonnance vint me transmettre *l'ordre formel* de me reporter derrière la 14ᵉ batterie du 20ᵉ régiment d'artillerie, commandée par le capitaine Remy, qui déploya une vigueur et une énergie dignes des plus grands éloges.

Une pièce de cette batterie fut immédiatement démontée, et les 2ᵉ et 3ᵉ bataillons, couchés à plat ventre derrière nos canons, servirent de cible, pendant une heure trente-cinq minutes, aux pièces de douze que les ennemis avaient braquées sur l'éminence au bas de laquelle était Lumeau et qui dominait complétement notre position.

Entre temps, mon 1er bataillon, séparé de moi par une distance assez grande, se trouvait à la droite d'une autre de nos batteries qui soutenait le feu, ayant lui-même à sa droite le 40e de marche, qui, comme je l'ai déjà dit, formait l'extrémité de notre ligne de bataille. Des pièces ennemies, établies sur une hauteur, derrière un moulin à vent, avaient ouvert un feu terrible sur nos troupes. Notre artillerie, dont les pièces étaient inférieures en nombre et d'un calibre bien moindre, fit des prodiges de valeur ; mais elle ne pouvait tenir contre 60 pièces de 12 bien servies et largement pourvues de munitions. Aussi nos dix-huit canons furent-ils bientôt démontés, et la plupart de nos chevaux tués ou blessés.

Le 40e de marche et mon 1er bataillon firent un mouvement oblique dans la direction de Lumeau. Les balles ennemies faisaient des ravages dans leurs rangs, et nos fantassins traversèrent ainsi une route bordée de peupliers, où ils furent assaillis par des décharges à mitraille et par des obus habilement lancés. On arriva derrière quelques maisons de Lumeau, et le 40e, massé, vint s'abriter près d'un corps de ferme, en face de mon 1er bataillon. On atteignit bientôt un petit chemin qui commençait la rue du village, et dans lequel l'ennemi entretenait un feu des plus meurtriers.

Voyant les deux derniers bataillons de mon régiment placés sous mes ordres immédiats, décimés par les obus qui arrivaient en plein au milieu des rangs, et m'apercevant que la position n'était plus tenable, je résolus de me porter en avant et forcer, par ce moyen, l'ennemi à rectifier son tir. Je fis mettre la baïonnette au bout du canon, et j'ordonnai la marche en avant, au pas redoublé, et au cri de *Vive la République !* Ce fut un moment sublime, officiers et soldats étaient électrisés : et, comme l'ouragan, nous eussions tout renversé sur notre passage si on nous avait opposé de la résistance. Nous parcourûmes ainsi environ deux cent mètres sans recevoir aucun projectile, les canonniers ennemis n'ayant pas eu le temps de pointer. Ce mouvement, exécuté d'une manière résolue, causa une telle panique parmi les Bavarois qui étaient à Lumeau, qu'ils l'abandonnaient déjà pour se porter sur la hauteur.

Mon intention était, dans cette circonstance, de jeter mon 2e bataillon dans le village par un mouvement de conversion à droite, tandis qu'avec le 3e bataillon je me serais porté du côté où se trouvaient quelques pièces de canon pour tâcher de m'en emparer. Je suis convaincu que cette entreprise hardie m'eût coûté cher, mais j'avais énormément de chances de réussite si je ne m'étais trouvé dans l'obligation de m'arrêter ; car je m'aperçus bientôt que toute la droite de la ligne était en pleine déroute, que le 40e quittait le champ de bataille, après avoir éprouvé des pertes très sérieuses, et que mon 1er bataillon le suivait dans son mouvement de retraite. Je changeai alors de détermination ; et, par un mouvement rapide sur la droite, je

portai mes deux derniers bataillons entre notre aile
droite en déroute et l'ennemi, que je cherchai à contenir pour ne pas être tourné. L'artillerie, presque
toute démontée, venait de partir. Je mis de l'ordre
dans mes deux bataillons que je formai en colonne ;
et, après avoir combattu pendant plus de trois quarts
d'heure, en ramenant sans cesse mon régiment au feu,
je battis en retraite sans précipitation, et constamment soutenu par un feu de tirailleurs qui tenait
l'ennemi à distance. Nous marchâmes ainsi jusqu'à
ce que nous fûmes hors de danger : ce qui ne tarda
pas longtemps, car nous avons été peu poursuivis ;
mais l'artillerie nous avait fait un mal affreux pendant
cette lutte inégale. Nous cessâmes d'être inquiétés vers
deux heures et demie, et nous nous dirigeâmes sur
Sougy, point désigné pour le ralliement de la division. On y resta trois quarts d'heure, et on laissa
filer toute l'artillerie. Nous arrivâmes à Huêtre vers
cinq heures ; le régiment y campa, ayant le 40e de
marche à sa gauche et le 8e mobile au-dessus de lui.

Pertes. — Il ne m'a jamais été possible de connaître,
d'une manière certaine, les pertes que nous avons faites
à Lumeau. Nous n'avons pu parvenir qu'à constater,
mais très approximativement, le nombre total des hommes mis hors de combat, évalué à 600 environ. L'aumônier du régiment, M. l'abbé Fagois, dont j'aurai
l'occasion de parler plus tard, m'a certifié avoir donné
la sépulture, le soir de la bataille, à quatre-vingt-
quatre hommes du 71e mobile, et que le lendemain
on en enterrait à peu près cent vingt à Loigny et à

Villeurs ; ce qui élèverait le nombre de nos tués à plus de deux cents. Nous avons eu la douleur de perdre deux officiers appartenant à la compagnie (7e du 3e) : M. le capitaine Bardinet et le sous-lieutenant Desgranges. Ont été blessés : MM. Tunis, Loupias, Henry, de Bruchard, Amasselièvre, capitaines ; Constant, Chevalier du Fau, lieutenants ; Mazabreau, sous-lieutenant.

APPRÉCIATIONS

J'ignore quels sont les ordres qui avaient été donnés relativement à la bataille du 2 décembre 1870, et quel était le rôle qu'on voulait faire jouer à la 3e division du 16e corps : on ne peut donc raisonner que sur des hypothèses. Avait-on l'ordre de s'emparer de Lumeau et de se rendre maître de la hauteur au pied de laquelle il se trouve ? ou bien voulait-on se contenter, comme on l'a prétendu, d'occuper l'ennemi et de le contenir, en attendant l'arrivée du 17e corps sur le théâtre de la lutte ?

Dans le premier cas, il fallait remarquer que Lumeau, dont les murs étaient crénelés, ne pouvait être attaqué qu'avec précaution, et qu'on devait le considérer comme poste retranché. Il était important de savoir d'avance, soit par des espions, soit par des habitants dévoués, s'il y avait des avenues fermées, et quels moyens l'ennemi avait employé pour cela ; comment il avait disposé les maisons qui bordent le village ; quel édifice il avait choisi pour en faire son *réduit.* Alors on pouvait attaquer soit par la ruse, soit par la force. — Par la ruse, en se ménageant des intelligences ou en employant des déguisements. — Par la force, en attaquant d'emblée ou pied à pied. — Ce dernier moyen nous était impossible, puisque nous n'avions même pas un détachement du génie, et qu'il aurait fallu faire des travaux que nous étions incapables d'exécuter. Restait donc l'attaque d'emblée, c'est-à-dire à la baïonnette, ayant quelques chances de réussite, mais qui nous eût fait éprouver des pertes énormes si l'ennemi avait voulu se défendre. Supposons même un succès complet : la position ne pouvait être maintenue tant que la hauteur n'eût pas été débarrassée des pièces de canon qui la couronnaient, ce qu'il nous était impossible de faire, vu l'infériorité trop grande de notre force numérique.

Dans le second cas, pour aboutir à un résultat convenable, il ne s'agissait pas de placer *bêtement* des colonnes couchées à plat ventre derrière des batteries sur un terrain complètement découvert, mais bien de *manœuvrer*, en faisant de fausses attaques, tantôt par l'une des deux ailes, tantôt par le centre ; déconcerter l'ennemi, l'empêcher de se servir avec avantage de ses nombreuses pièces de 12 en marchant constamment pour le forcer à rectifier sans cesse son tir qui, par ce moyen, eût été peu dangereux pour nous.

En général, je crois que, dans un pays découvert, le mode le plus efficace pour l'attaque doit être l'ordre en échelons, l'aile droite ou l'aile gauche en avant : ce qui permet aux troupes échelonnées d'entrer successivement en ligne d'après les besoins, ou de n'en engager qu'une partie, selon les circonstances. Si, dans cette position, on était obligé de céder devant des forces supérieures, on aurait le temps de reformer la ligne et d'exécuter une retraite en échiquier. Dans cet ordre, le meilleur de tous pour se retirer devant l'ennemi victorieux, on lui fait toujours éprouver des pertes extrêmement sensibles, et on a l'avantage d'avoir tout son monde sous la main.

3 *Décembre.* — On se met en marche à neuf heures du matin, le régiment étant à la queue de la colonne, et on arrive à Boulay où l'on campe. On entend de là une très vive canonnade qui est incessante pendant toute la journée. Nos officiers, qui n'avaient pas leurs tentes puisque les fourgons étaient égarés, sont autorisés à se loger dans une ferme ; on leur distribue quelques bottes de paille pour se coucher.

4 *Décembre.* — L'ennemi attaque nos grand'gardes postées dans le bois en avant et sur la gauche de Boulay. Deux hommes du régiment y sont blessés. On lève le camp, et on part, vers neuf heures du matin, pour battre en retraite sur Orléans ; mais nous recevons bientôt l'ordre de nous diriger sur Beaugency à travers champs. Après avoir franchi perpendiculairement la route qui va des Ormes à Orléans, étant poursuivis, nous nous engageâmes dans des vignes dont les échalas gênaient considérablement notre marche; quelques obus éclatèrent près de nous, mais sans nous causer le moindre mal. Nous étions alors à la hauteur de la forêt d'Orléans, que nous apercevions sur notre

gauche. Nous formions, autant que le terrain pouvait nous le permettre, une ligne de bataille de bataillons en colonne, le 40° à notre droite et l'artillerie derrière nous. Une compagnie de mon régiment, commandée par le capitaine Moreau, venait, par mon ordre, de se déployer en tirailleurs pour soutenir la retraite ; quelques instants après, un escadron de hulans chargeant à fond de train une de nos batteries divisionnaires allait s'emparer de nos pièces, lorsque le capitaine Moreau, immédiatement prévenu, se porta au pas de course, conjointement avec une compagnie du 40°, au secours de notre artillerie qui fut dégagée, et plusieurs cavaliers ennemis, au nombre de trente à quarante, furent mis hors de combat. La conduite de M. Moreau fut l'objet d'un rapport spécial que j'adressai au général de division, et cet officier reçut plus tard, pour ce fait d'armes, la croix de la Légion d'honneur. J'avais aussi envoyé, sur mon flanc gauche, une compagnie en tirailleurs sous les ordres du capitaine Arnaud, avec mission de couvrir constamment le flanc de la colonne. Cette compagnie suivit une fausse direction, s'égara, et j'appris plus tard que, ne retrouvant plus son régiment, elle se rendit à Orléans.

Voyant que la cavalerie manœuvrait de manière à me tourner par la gauche, je portai mes bataillons sur la droite, en les engageant dans un bois, où nous n'avions plus à craindre de poursuites ; nous traversâmes ce bois et nous nous trouvâmes bientôt sur la route de Beaugency, qui était emcombrée de troupes appartenant à toutes les armes. Nous marchâmes ainsi toute la journée, et nous entrâmes à Beaugency à neuf heures du soir, exténués de fatigue et sans avoir mangé. On se logea comme on put, la ville étant bourrée de soldats affamés et démoralisés. Malgré cette chasse à l'homme qui dura tout le jour, nous fûmes assez heureux pour n'avoir que deux ou trois blessés.

6 *Décembre.* — La 3e division sort de Beaugency pour prendre une position de combat sur la droite de la route de Josnes, et faisant face à Meung. On apercevait au loin quelques vedettes ennemies. Le 40e de marche se porta en avant, dans la direction de Meung, et un officier d'ordonnance vint m'apporter l'ordre de défendre la route de Josnes avec mon régiment, mais ayant soin d'ajouter que je ne resterais là que *provisoirement*, et que je recevrais d'autres ordres dans un *très bref délai.* Je fis déployer mes deux bataillons parallèlement à la route de Josnes, ma droite appuyée à un mur de clôture, et je couvris mon front d'une ligne de tirailleurs: cela valait infiniment mieux que de présenter à l'ennemi un ordre profond donnant à son artillerie de si belles occasions de nous détruire.

Après être resté plusieurs heures dans cette position critique, n'ayant avec moi ni cavalerie pour m'éclairer, ni artillerie pour combattre, ni outils pour faire quelques petits travaux de défense, j'envoyai des officiers aux informations pour savoir ce qu'était devenu le 40e que je ne voyais plus depuis longtemps, et tâcher d'apprendre, d'un général quelconque, ce que

l'on voulait faire de nous. Je finis par avoir des nouvelles peu rassurantes : le 40ᵉ de marche et le 8ᵉ mobile
avaient pris la route de Mer ; notre général n'était
plus à Beaugency, et tout faisait présumer que nous
avions été *oubliés* où nous étions. Je pris alors la résolution de rompre en colonne et de me mettre en marche sur Mer ; après avoir fait deux kilomètres environ,
je vis les troupes de notre division campées dans des
vignes à droite et à gauche de la route. Je m'installai
derrière le 40ᵉ, et ordonnai de mettre les marmites au
feu pour faire le café, ce dont on avait grand besoin :
il était environ sept heures du soir. J'eus la satisfaction de voir là un nouveau régiment, le 36ᵉ de marche,
qui venait compléter notre division, laquelle était
désormais ainsi composée : 1ʳᵉ brigade, 36ᵉ de marche,
8ᵉ mobile ; 2ᵉ brigade, 40ᵉ de marche, 71ᵉ mobile.

7 Décembre. — La 3ᵉ division se met en marche, à
sept heures du matin, sur Blois, pour se rendre de là
dans le parc de Chambord, *où il sera procédé immédiatement et promptement à sa réorganisation,* dit l'ordre
transmis par le général Morandy. On s'ébranle dans
l'ordre suivant :

Le convoi, précédant la colonne de quatre kilomètres, le génie (que je fis chercher partout et qui était
introuvable, parce qu'il *n'existait que sur le papier*), 2ᵉ
brigade, 71ᵉ mobile, 40ᵉ de marche ; 1ʳᵉ brigade, 8ᵉ
mobile, 36ᵉ de marche. L'arrière-garde était formée
d'un bataillon du 36ᵉ. La colonne arrive à Mer à
midi ; elle s'y arrête pendant deux heures, puis se
remet en route, et arrive à Blois à six heures du soir.

Elle traverse le pont, et campe sur la rive gauche au bord de la Loire.

8 *Décembre.* — Départ de la 1re brigade pour Chambord ; elle nous précède de vingt-quatre heures, la 2e brigade devant, d'après les ordres donnés, la rejoindre le lendemain, en se mettant en mouvement à huit heures et demie du matin.

9 *Décembre.* — Au moment où nous allions quitter la grève pour nous diriger sur Chambord, le général Morandy nous envoie un contre-ordre de départ, et ajoute que nous ne bougerons pas *sans avoir reçu un ordre écrit de sa main.* Cet ordre arrive à une heure et demie de l'après-midi, et la 2e brigade se met en marche à deux heures, en prenant la route, et dans l'ordre suivant : trois compagnies du 40e de marche suivies de la batterie du capitaine Saquet ; le reste du 40e, deux bataillons du 71e mobile, la réserve d'artillerie, les bagages de l'état-major général, les bagages de la troupe, un bataillon du 71e mobile fermant la marche.

Il était facile de pressentir une catastrophe prochaine. Nous entendions le canon sur notre gauche du côté de Mer, et il était probable que l'ennemi était maître des deux rives. Dans cette hypothèse, notre position à Chambord, où on nous envoyait pour nous y *établir* et nous *réorganiser*, ne pouvait être tenable. Pendant que nous marchions sur Chambord, la 1re brigade qu'on y avait installée dès la veille, recevait l'ordre de rentrer à Blois ; de sorte que, dans un moment donné, les deux brigades de la même division exécutaient simultanément un mouvement en sens inverse : l'une ayant quitté le parc de Chambord, l'autre s'y rendant. Il paraît que le général voulait prescrire à la 1re brigade de rebrousser chemin : il la cherchait dans cette intention ; mais, par une circonstance inexplicable, elle avait pris, pour revenir à Blois, une autre voie que celle que nous suivions.

Nous traversâmes ainsi le village de Huisseau. Les habitants paraissaient étonnés de notre pointe sur Chambord ; il était facile de lire, sur leurs visages consternés, la crainte qu'ils éprouvaient sur notre sort. Pour mon propre compte, je fis part de mes appréhensions aux officiers supérieurs, et ne leur cachai pas que notre situation me paraissait très mauvaise ; j'étais convaincu, en effet, que nous aurions été cernés pendant la nuit, et que le lendemain nous nous trouverions dans la triste alternative de nous faire tuer ou de rendre nos armes. C'est dans cette disposition d'esprit que nous entrâmes dans le parc vers six heures du soir, c'est-à-dire à la nuit. Le 40e de marche était établi, en colonne par division, face au château, et mon régiment se plaça à sa gauche, dans le même ordre, et à dix mètres environ. Je venais de mettre pied à terre, et la dernière compagnie n'avait pas encore pris son rang dans la colonne qu'un sous-officier vint me dire que l'ennemi était dans le bois du parc, et que le paysan qui l'y avait conduit, contraint par des menaces de mort, venait d'en faire publiquement l'aveu.

Le lieutenant-colonel Jobey, du 40e de marche, commandait la brigade. Je lui demandai s'il avait des ordres ; il me répondit que non, mais qu'il allait tâcher d'en avoir. Sur ces entrefaites, causant avec un groupe d'officiers, je manifestai l'intention de me porter, à tire-d'ailes, sur Romorantin ; j'attendais pour cela le résultat des démarches de notre chef de brigade, ne voulant pas agir seul dans une conjoncture aussi grave. J'entendis tout-à-coup un grand bruit de paroles, au milieu desquelles je distinguai celles-ci : *Rendez-vous !...* Puis, quelques coups de fusil, et enfin une décharge générale. Il faisait très nuit, et nous nous trouvions dans des parages qui nous étaient complétement inconnus : je me dirigeai donc, d'un pas précipité, du côté d'où partait la fusillade, pour reconnaître le terrain et me rendre compte de la situation, lorsque je tombai la jambe droite fracturée en deux endroits. Je perdis probablement connaissance pendant quelques instants, car en recouvrant mes sens, j'appelai, et personne ne répondit à mon appel. Cependant les coups de fusil se faisant toujours entendre, et m'apercevant, aux balles qui tombaient autour de moi, que j'étais en plein dans la ligne de feu, je résolus, poussé par l'instinct de la conservation, de tâcher de me traîner jusqu'au château, où j'espérais recevoir quelques secours. M'appuyant alors sur les genoux et sur les mains, je faisais de grands efforts pour sortir de l'endroit périlleux où je me trouvais, lorsque j'aperçus, au clair de la lune qui venait de se lever, le scintillement des casques de nos ennemis s'avançant vers moi, et proférant, dans le haut de la voix, leur cri de victoire : *hourrah !*

Un tambour, qui suivait à quelques pas, frappait de la main droite, avec une seule baguette, à des intervalles égaux, un petit instrument semblable à un tambour de basque, et qu'il tenait de la main gauche, à la hauteur du menton. Cette scène m'eût bien diverti en temps ordinaire ; mais le tableau était trop triste pour devenir comique. Le capitaine qui commandait ces hommes formant à peu près une compagnie, s'approcha de moi, me mit le sabre sur la poitrine, et me dit d'un ton qui n'était nullement rassuré : *Prisonnier, prisonnier, vous prisonnier!* Je lui fis observer que j'étais blessé, que j'avais besoin de secours ; et je le priai de me faire porter au château. Il me répondit qu'il n'avait pas le temps de s'occuper de moi, me fit mettre contre le mur de la façade principale, et me demanda mes armes. Lui ayant déclaré que je ne possédais que mon sabre, et que je n'avais pas la force de le lui donner, il fit baisser un de ses soldats qui, se mettant à genoux, décrocha la plaque de mon ceinturon, et remit le sabre à son officier. Cette compagnie, qui faisait partie du 4e régiment de la division d'infanterie de la Hesse-Darmstadt, fouilla le parc, et revint, quelques minutes après, avec deux ou trois mobiles qui me reconnurent et servirent d'auxiliaires aux Hessois pour me transporter à l'ambulance établie dans le château, et dont je ne soupçonnais seulement pas l'existence. Parmi ces mobiles se trouvaient le capitaine Lagrange et le sergent Jouhanneaud, que je regrette de ne pas avoir reconnus dans ce moment. MM. les docteurs Raymond, Bouyer et du

Basty, médecins du régiment, se joignirent aux mobiles pour me monter à l'ambulance située au 2e étage. Le capitaine Lagrange m'a dit, depuis, que les soldats hessois me couchaient en joue pendant qu'on me portait ; je me suis alors expliqué les paroles prononcées par l'officier ennemi qui, avant de me faire prendre par les hommes de sa compagnie, me dit à plusieurs reprises : *Colonel, vous responsable.* Traduction : *Si on fait la moindre résistance dans le château, vous serez fusillé.*

Le colonel du 4e Hessois étant monté me voir, voulut qu'on découvrit mon lit, pour s'assurer par lui-même de la gravité de ma blessure. Il ne consentit à me laisser à l'ambulance que parce qu'il jugea que je n'étais pas transportable. Je profitais de l'occasion pour le prier de permettre aux officiers que je savais avoir été faits prisonniers de venir me serrer la main avant leur départ pour l'Allemagne. Tous ces messieurs avaient déjà fait une semblable demande. Le colonel me dit qu'il autoriserait à monter le lendemain matin de bonne heure, mais il paraît qu'il changea d'avis pendant la nuit, car le 10 au matin il refusa toute permission de venir me voir, et j'eus la douleur d'apprendre que le convoi des prisonniers était parti à pied à sept heures précises.

OFFICIERS PRISONNIERS

PARTIS POUR L'ALLEMAGNE.

MM. Duval, chef de bataillon ; Descoutures, Lagrange, Thouvenet, capitaines ; de Livron, du Boucheron,
Chambrelent, lieutenants. Il y eut, en outre, une
centaine de sous-officiers, caporaux et gardes faits
également prisonniers et dirigés sur la frontière.

PERTES.

M. Deshaye, capitaine, tué. M. Pinelli, colonel,
blessé et prisonnier à l'ambulance du château ; M. Chabrol, capitaine, ayant reçu des contusions multiples,
et laissé comme prisonnier à ladite ambulance. On
compta quatre soldats grièvement blessés. L'un d'eux,
dont on n'a jamais pu savoir le nom, et qui avait reçu
une balle dans le bas-ventre, mourut dans la nuit du
9 au 10, en proie aux plus grandes souffrances. Il
demandait comme une grâce qu'on le tuât immédiatement. Les autres blessés ont dû également succomber ; je me souviens de l'un d'entr'eux qui mourut
pendant que j'étais au château, et qui se nommait
Mercier. Il était, je crois, d'Eymoutiers.

APPRÉCIATIONS SUR L'AFFAIRE
DE CHAMBORD.

Sur qui doit donc retomber la responsabilité de
cette imprudence, je pourrais même dire de cette
ignorance complète des éléments de l'art de la guerre?
Dans quel but envoyait-on une division dans le parc
de Chambord? D'où venaient ces tiraillements dans
l'exécution des ordres suivis de contre-ordres et pro-
duisant le désordre?... Questions auxquelles il nous
est impossible de répondre, n'ayant jamais connu que
les effets, sans pouvoir remonter aux causes de ce tra-
quenard dans lequel on a bénévolement jeté la 3ᵉ division d'infanterie du 16ᵉ corps. Il est certain pour
moi que, du moment où l'ordre avait été donné dès le
7 de partir de notre bivouac aux environs de Beaugency, sur la route de Mer, pour nous rendre à Blois,
et de là dans le parc de Chambord, afin de nous y
réorganiser promptement, il est certain, dis-je, qu'on
supposait ce lieu tout à fait à l'abri d'un coup de main,
et, par conséquent, très propre à servir de refuge à
une division ayant besoin de repos, et pouvant, sans
aucun danger, se ravitailler en toutes choses, en con-
servant ses communications libres avec les différents
dépôts de ses régiments. On agissait donc de bonne
foi, j'en suis convaincu, le 7 au matin ; mais le 8 tout
était changé : l'ennemi avançait. Pourquoi persister
alors dans la résolution prise la veille au matin ? On

parut hésiter néamoins, puisqu'on ne fît partir que la 1ʳᵉ brigade, et qu'on suspendit, pour la 2ᵉ, le départ qui devait avoir lieu de huit à neuf heures et demie du matin, et qui ne s'effectua qu'à deux heures de l'après-midi. Il était cependant évident que l'ennemi avait l'intention de traverser la Loire à Mer, soit en amont, soit en aval de cette ville, et qu'une troupe française de la force de notre division boiteuse était bien compromise sur la rive gauche du fleuve. On n'en persista pas moins à nous faire tenter l'aventure.

Je dois mentionner ici un bruit généralement répandu, et qui a consisté à représenter le général Morandy en lutte ouverte avec le comité de défense de Blois au sujet de notre pointe sur Chambord. Je crois que ce conflit a dû exister : j'en vois la preuve dans les hésitations de la dernière heure et dans la recommandation faite par le général, le 9 au matin, de ne pas bouger *sans un ordre signé de sa main.* S'il est vrai que notre malheureuse affaire n'ait été due qu'à la persistance de ces messieurs du comité de défense, on est forcé de convenir que la peur peut quelquefois faire perdre le sens moral aux hommes les mieux organisés, car deux généraux, m'a-t-on dit, et le préfet de Loir-et-Cher faisaient partie de ce comité. Il est de toute évidence qu'une division, séparée du reste de l'armée par un fleuve dont les deux rives sont au pouvoir de l'ennemi, est sérieusement menacée d'être coupée de sa base d'opérations, et que Jomini l'eût baptisée du nom de *division en l'air.* Du reste notre position n'eût pas été tenable, attendu que nous n'avions que deux jours de vivre, et que le convoi des subsistances était en route pour Amboise, sur la rive droite.

Il n'était pas possible d'ailleurs, dans le cas où on l'eût exigé, de défendre, avec si peu de monde, une enceinte de 28 kilomètres de développement, ayant six ouvertures pouvant donner accès à une colonne par sections, et entourée d'une chemise composée d'un mur crénelé, mais très franchissable. Il aurait donc fallu 28,000 hommes, au plus bas mot, pour combattre derrière le mur, en n'employant qu'un fusil par mètre courant, c'est-à-dire le tiers seulement du nombre jugé nécessaire pour une défense efficace.

Le général Morandy, qui n'en pouvait mais, fut impitoyablement mis en retrait d'emploi, c'est-à-dire dans la position de disponibilité ; on reconnut plus tard qu'on avait été injuste envers un général ayant la réputation d'un homme de cœur, imbu des meilleurs sentiments, et, par conséquent, incapable de commettre une mauvaise action et surtout une lâcheté.

Pérégrinations du 1er bataillon. — Je n'ai fait connaître jusqu'ici que les opérations de guerre et les marches des 2e et 3e bataillons ; il me reste, pour compléter l'historique du régiment, à esquisser à grands traits les tribulations et les aventures du 1er bataillon, presque totalement dispersé après le combat du 2 décembre. J'ai cru d'abord que ce bataillon avait été à peu près détruit, car M. Dutheillet de Lamothe qui le commandait, et qui, quoique malade, voulut combattre ce jour-là, vint me trouver sur le champ de bataille et me dit, avec tristesse : *Mon colonel, je reste seul de mon bataillon*. C'était, pour ainsi dire, la parodie de ce qu'on lit dans Tite-Live : *Voilà le dernier des Romains*. Heureusement il n'en n'avait pas été ainsi. Après la déroute du 40ᵉ de marche, et pendant que le 1ᵉʳ bataillon le suivait dans ce mouvement de retraite, chacun se dirigea comme il l'entendit, c'est-à-dire du côté qui paraissait présenter le plus de sécurité ; toutes les routes et les petits chemins étaient couverts de groupes d'hommes cherchant leur salut dans une marche précipitée. Un peu avant ce mouvement de recul, le capitaine Lemaître fut fait prisonnier ; il s'évada, peu de jours après, de Rambouillet, où on l'avait conduit pour le diriger sur l'Allemagne, et rentra immédiatement au dépôt.

Le commandant de Lamothe, malade, les capitaines Amasselièvre et Tunis, blessés, furent transportés à Orléans, où ils restèrent prisonniers après la prise de cette ville par les Allemands. Le capitaine Calinaud, très malade, et le capitaine Loupias, blessé, mais appartenant tous deux au 2ᵉ bataillon, furent également dirigés sur Orléans, et faits prisonniers après l'entrée des Prussiens. Ces deux officiers s'évadèrent quelques jours plus tard, à la faveur d'un déguisement, passèrent à travers les lignes ennemis en conduisant des bœufs, furent arrêtés à Vierzon comme espions, et mis presque aussitôt en liberté par l'intervention de M. Des Monstiers Mérinville, lieutenant au corps, et détaché, en qualité d'officier d'ordonnance, auprès du général de division Durrieu, dont le quartier-général était dans cette dernière ville.

Au moment où le 1ᵉʳ bataillon se trouva débandé, et lorsque les soldats tâchaient de prendre le chemin le moins périlleux, M. le capitaine de Couronnel réunit quelques hommes avec lesquels il se rendit à Sougy, dont on avait barré l'entrée par un petit mur en pierres sèches qu'on fut obligé d'escalader. Comme il n'y avait là que des infirmiers et quelques équipages du train, le détachement du 1ᵉʳ bataillon, qui s'était déjà grossi de quelques autres hommes ralliés au premier groupe, voulut aller à Patay, mais se trompa de route, et arriva à Huêtre, qu'il traversa sans s'arrêter, vit Janvry et les Barres, et fut, à la chute du jour, aux Ormes, où, après s'être reposé pendant deux heures, il partit pour Orléans, y entra pendant la nuit, et put y recevoir des billets de logement.

Le détachement, sur les ordres donnés par le commandant de la place, quitta Orléans le 3, prit la grande route à gauche, afin de suivre le chemin le plus direct pour atteindre Sougy, où devait se trouver le régiment. Le canon grondait du côté de Cercottes ; la bataille se donnait en avant de Gidy, au-delà des lignes que nous avions établies et où on avait braqué des pièces de marine. Après bien des péripéties dans la marche, ce groupe arriva aux Barres ; et on lui annonça que des partis ennemis étaient en vue ; il était tard : on y passa la nuit, pendant laquelle on n'entendit que des passages de voitures. En sortant des Barres, le 4, à la pointe du jour, les équipages de l'armée étaient en pleine retraite, et de nombreux corps se dirigeaient sur Orléans. M. de Couronnel eut la satisfaction de voir son détachement augmenté de quelques hommes du 1er bataillon; et, après avoir vu défiler les troupes, il se joignit à elles, et rentra le soir à Orléans, bien qu'ayant quitté la route pour suivre des chemins moins encombrés. Il trouva, sur les boulevards, un assez grand nombre de mobiles de la Haute-Vienne qui s'y étaient réunis pour demander des ordres. Un instant après, tout ce qui appartenait au 71e de la garde mobile partait pour Beaugency sous la direction de M. de Couronnel, dont le commandement devenait de plus en plus important. Cette troupe prit la route qui longe la Loire sur la rive droite; mais bientôt elle fut obstruée par des fuyards affolés qui annonçaient l'arrivée de l'ennemi. Le détachement fit alors volte-face pour prendre la route de Beaugency, par la rive gauche.

Cette voie était couverte de caissons et de cavaliers portant tous les costumes, mais surtout de spahis; les fantassins étaient beaucoup moins nombreux, ayant généralement préféré la route du centre. L'artillerie prussienne fit pleuvoir une grêle d'obus qui mirent le désordre dans les rangs; le capitaine de Couronnel resté avec une poignée de soldats, se porta sur Olivet, devenu le rendez-vous général: il s'y arrêta le temps nécessaire pour prendre haleine et se dirigea sur La Ferté. Mais les hommes étaient trop fatigués; ils vou-

lurent se reposer un instant dans une ferme bourrée
de spahis, et, ne recevant que de mauvaises nouvelles des nouveaux arrivants, ils résolurent de se remettre en marche, et furent rendus à La Ferté, dont
toutes les maisons étaient closes, le 5 à trois heures du
matin. On en partit au jour, et on arriva à Lamothe-
Beuvron à midi, au nombre de deux cents hommes
environ, en bon ordre, mais ayant besoin de repos et
de nourriture. On repartit peu de temps après, et on
poussa jusqu'à Salbris ; là, on s'apperçut qu'on avait
recruté, pendant le trajet, une centaine d'hommes, ce
qui portait l'effectif à peu près à trois cents. On put
s'installer tant bien que mal à la gare, et on y passa
la nuit.

Le lendemain 6, le détachement reçut une distribution régulière de vivres par les soins d'un sous-inten-
dant, et le capitaine, qui avait su maintenir une certaine discipline dans cette agglomération de soldats
appartenant à toutes les compagnies, fut chargé par le
général Martin des Pallières, d'arrêter les fuyards et
d'empêcher le désordre de se produire. Ce noyau de
bataillon était encore à la gare le 7 ; vers midi, on
entendit gronder le canon, puis on annonça que l'ennemi attaquait nos avant-postes à Noiran-le-Fuzel,
situé à douze kilomètres de Salbris. A deux heures de
l'après-midi, tout le monde se mettait en mouvement
pour aller occuper, sur la route de Romorantin, la
place indiquée à chaque fraction de corps par le général des Pallières, qui s'arrêta dans le château de la
Ferté-Imbault, où il conseilla au capitaine de Couronnel

de suivre la route de Blois, comme étant la plus sûre pour rejoindre le gros du régiment. Cet officier fit son entrée à Romorantin le soir à la nuit close, et tout son monde fut logé chez l'habitant. Les nouvelles étaient très mauvaises : le chef du détachement proposa à M. de Champeaux, sous-préfet de l'arrondissement, de s'entendre avec le maire pour organiser une résistance. Ce fonctionnaire voulait, en effet, qu'on défendît la ville ; mais il ne lui fut même pas possible de réunir le conseil municipal pour prendre une détermination. Il fallut partir à la hâte, en continuant à marcher sur Blois et en passant par Conlies, où l'on coucha.

Le 9 on était à Cellette ; on y apprit la déroute de Chambord.

Quelques débris des 2e et 3e bataillons se joignirent au capitaine commandant, qui arriva le 10, à midi, avec une forte colonne, à un endroit nommé Chaumont. Le 8e mobile venait d'y paraître ; on se réunit pour se rendre à Amboise, où l'on entra à dix heures du soir. On trouva là M. le capitaine de Préaulx, qui, étant de la même date de promotion que M. de Couronnel, prit le commandement du régiment par privilége d'âge. On se rendit à Tours avec un effectif de huit cents hommes; on y rencontra M. le commandant Périer, resté seul présent des officiers supérieurs du régiment, et le 11 au soir, on prit la voie ferrée pour aller à Limoges, où on arriva le 13, à la fin de la journée, après avoir passé par Périgueux.

Je reprends mon récit où je l'avais laissé avant de

donner des détails sur l'itinéraire suivi par le détachement du 1er bataillon.

- 14 *Décembre*. — Ma position à l'ambulance de Chambord me causait de grandes inquiétudes. D'un côté, j'ignorais ce que je deviendrais dans l'hypothèse d'une guérison qu'on me laissait espérer ; de l'autre, j'étais fort préoccupé de mon régiment, dont le sort m'étais totalement inconnu. Je recevais, de temps en temps, la visite de quelques officiers hessois, qui, sous le prétexte spécieux de s'intéresser à ma santé, venaient plutôt s'assurer si on pouvait me faire entreprendre le voyage de l'Allemagne. J'eus un jour une vive altercation avec cinq de ces officiers, dont deux des cuirassiers blancs, au sujet du pillage de nos fourgons dans le parc de Chambord. Je leur dis carrément que leurs soldats n'étaient que des voleurs et que les officiers ne valaient pas mieux qu'eux, puisqu'ils laissaient commettre en leur présence des actes odieux, tels que celui de s'emparer des bagages des officiers français prisonniers, qui étaient ainsi privés de tout le linge de corps dont ils avaient grand besoin pour un très long voyage. Ils eurent l'air de se concerter dans leur langue ; et l'un d'eux m'ayant fait préciser l'endroit où le pillage avait été commis, me donna l'assurance que tout serait restitué. J'ai su depuis, par nos prisonniers rentrés de captivité, que rien ne fut rendu, et qu'on ne leur en parla même pas.

Je priai, le 14 décembre, MM. les docteurs Raymond et du Basty, qui avaient manifesté le désir de retourner au régiment, de se rendre à Saint-Gervais, où était le quartier-général ennemi, afin d'obtenir, pour nos trois médecins, un *sauf-conduit* qu'on ne pouvait leur refuser, en vertu de la convention de Genève, et demander en même temps au général ce qu'il voulait faire de moi. Le *sauf-conduit* fut remis immédiatement, mais en y spécifiant qu'il n'était valable que pour le 18, et en désignant l'itinéraire à suivre, qui était celui de Limoges par Romorantin. Quant à moi, le général déclara verbalement d'abord, et ensuite par écrit dans le *laissez-passer* des docteurs, que, vu la gravité de ma blessure qui ne me permettait pas de reprendre du service avant un temps assez long, j'étais libre de partir quand je voudrais, mais en prenant l'engagement de ne plus porter les armes contre l'Allemagne pendant la durée de la guerre. Je ne répondis rien, et me contentai de charger M. du Basty de vouloir bien remettre au docteur Thouvenet, mon beau-frère, qui habite Limoges, une lettre lui donnant les renseignements nécessaires pour venir me chercher à Chambord.

18 *Décembre*. — Départ de nos trois médecins pour Limoges, après avoir confié le service de santé de l'ambulance à un médecin civil qui, malgré le zèle et l'activité qu'il déployait, ne pouvait venir tous les jours au château, sa nombreuse clientèle, qui s'étendait à douze lieues à la ronde, ne lui laissant pas un moment de repos. J'eus le regret de constater que nos blessés et nos malades souffrirent beaucoup de cette lacune dans le service médical.

19 *Décembre*. — Mon beau-frère arrive dans la jour-

née, et fait une amputation dont la nécessité se faisait sentir depuis longtemps, sur la personne d'un artilleur qui avait eu une jambe broyée sous un caisson de sa batterie. Cette opération, jugée cependant indispensable, n'avait pu se faire plus tôt, le médecin civil attaché à l'ambulance manquant d'instruments et ne pouvant disposer d'un homme de l'art pour être son aide. Le docteur Thouvenet se servit d'une scie de menuisier et d'un couteau de cuisine, et l'amputation de la jambe fut des mieux réussies.

A la nuit, on me plaça sur une voiture non suspendue amenée de Romorantin ; et, accompagnés d'un mobile et d'un fourrier de Limoges, le sieur Chatenet, appartenant au 36e de marche, tous deux déguisés sous un costume de paysans du pays, le docteur et moi partîmes dans la direction de Bracieux, après avoir pris toutes les précautions de prudence nécessaires à une évasion.

Je tiens ici à témoigner toute ma reconnaissance à M. Arnoult, régisseur du château, à M. Chesnet, curé de Chambord, et aux sœurs de la communauté établie dans le parc, qui, non-seulement prodiguèrent tous leurs soins à nos malades et à nos blessés, mais se montrèrent encore particulièrement empressés à m'être agréables et à me procurer tout ce dont je pouvais avoir besoin, allant même souvent au-devant de mes désirs. Tous, jusqu'aux serviteurs du château, prêtèrent la main à mon évasion, qui put s'effectuer sans accidents, grâce aux dispositions prises d'avance. Nous eûmes la bonne fortune de ne pas rencontrer

une seule patrouille ennemie, quoiqu'il en passât très
fréquemment à Bracieux, et nous arrivâmes ainsi, au
milieu de la nuit, à Romorantin, qui venait d'être
occupé par nos troupes. Nous y couchâmes pour repar-
tir le lendemain 27, avec la même voiture, qui
nous transporta morts de froid à Vierzon, d'où nous
nous embarquâmes, le soir même, pour Limoges : nous
y arrivâmes le 28 au matin.

TRIBULATIONS.

Dès que je me trouvai au sein de ma famille, mon
beau-frère, assisté de M. le docteur Bouteilloux, procéda au pansement de ma blessure, et j'appris avec
douleur que les deux fractures existant à ma jambe
se trouvaient exactement dans le même état que le
jour où j'avais été blessé, et qu'il fallait en faire de
nouveau la réduction. Je supportai avec patience cette
nouvelle opération ; mais les souffrances physiques
que j'avais endurées et que je devais encore supporter
(puisque je restai trente jours sans pouvoir dormir),
n'étaient rien en comparaison des contrariétés que
j'éprouvais sans cesse et des taquineries auxquelles je
fus en butte pendant un temps assez long.

J'ignorais que le 71e fût à Limoges. Il paraît que
son arrivée dans cette ville produisit le plus fâcheux
effet sur l'esprit de la population qui, ne pouvant se
rendre compte de ce qui s'était passé, et au milieu

des bruits plus ou moins mensongers qui circulaient, crut que le régiment n'avait pas voulu se battre, et qu'il s'était réfugié au dépôt pour y rester sans intention de retour à l'ennemi. D'un autre côté, l'autorité militaire avait accueilli, sans les contrôler, les nouvelles les plus absurdes, et je devais, moi qui avait organisé, au milieu des plus grandes difficultés et d'une multitude d'obstacles, ce régiment que j'avais bravement conduit au feu et qui s'y était admirablement comporté, je devais, dis-je, supporter la mauvaise humeur du général Creuly, commandant la 1re subdivision de la 21e division militaire, et dont la malveillance à mon égard se manifestait tous les jours de plus en plus. C'est avec un sentiment d'émotion bien pénible que j'entre dans des détails qui me répugnent ; mais il est bon que la vérité tout entière soit connue, et que le ministre de la guerre sache qu'un général de brigade, général que je respecterai quand même par rapport à son grade et à son grand âge, n'a eu pour un officier blessé ayant largement payé sa dette à son pays par trente-deux ans de services, que des dispositions hostiles que rien ne venait motiver. Ainsi il m'enleva brusquement le commandement de mon régiment sans daigner venir me visiter et avoir avec moi un entretien qui l'eût convaincu et ramené à de meilleurs sentiments à mon égard. J'étais malheureusement dans l'impossibilité de lui faire une visite : je n'ai donc jamais eu l'honneur de lui parler et n'eus avec lui qu'une correspondance que je com-

mençai dès que mon état général me permit d'écrire
de mon lit.

. Il contesta ensuite la nature de ma blessure, pré-
tendant que ma jambe avait été brisée par le choc
d'un corps inconnu, tandis qu'il a été constaté par
les médecins qu'elle avait été fracturée par un projectile dont l'empreinte était visiblement marquée sur
ma botte. Il ne voulut pas non plus reconnaître ma
qualité de prisonnier évadé, prétextant que *j'avais été
mis en liberté en vertu de la convention de Genève*, ce qui
est complétement faux, attendu qu'il est facile de
prouver, comme je l'ai déjà dit dans le cours de ce rapport, que le général ennemi mettait pour condition
sine qua non à mon départ de l'ambulance, de signer
au préalable une déclaration m'engageant à ne plus
servir contre la Prusse. D'ailleurs, tous les employés
du château de Chambord, le maire et le curé de cette
localité, peuvent attester la véracité de mes dires. L'in-
tendant militaire m'ayant déclaré que le ministre seul
pouvait trancher cette question, je lui écrivis immédiatement, en mettant, à l'appui de ma demande,
toutes les pièces justificatives, au nombre desquelles
se trouvait la lettre du général Creuly, que je ne crai-
gnis nullement de joindre aux autres, tant je me
sentais fort de mon droit. Or, il me fut répondu, du
ministère, que le général de brigade commandant la
subdivision, ayant affirmé que j'avais quitté l'ennemi
*par application de l'un des articles de la convention de
Genève*, je ne pouvais être considéré comme prisonnier

évadé. La réponse à la question était faite par là question elle-même.

Le général finit par mettre le comble à mon indignation en donnant l'ordre par écrit au capitaine-major de m'enlever mon *ordonnance* qui me servait d'*infirmier*, et de le faire partir sans perte de temps. Cet acte d'inhumanité me révolta, car si, *rigoureusement parlant*, je n'avais plus droit à un ordonnance, puisque je ne commandais plus le 71ᵉ mobile, je n'en avais pas moins quelques titres à des égards. J'avais d'ailleurs été blessé au service de la patrie, et non dans une partie de plaisir ; le pays me devait des soins que je préférais recevoir dans ma famille, mais pour lesquels l'État eût été obligé de supporter certaines dépenses, si j'étais entré, comme j'en avais le droit, dans un hôpital ou dans une ambulance.

Quant à l'autorité civile, je n'ai nullement à m'en plaindre, car elle resta tout à fait indifférente.

Ce qui apporta quelques soulagements à mes souffrances morales, ce fut l'intérêt que parurent me porter les habitants de Limoges, et même du département entier. Des personnes que je ne connaissais pas, d'autres que j'avais vues, mais auxquelles je n'avais jamais eu l'honneur de parler, vinrent me voir, et manifestèrent, par des témoignages non équivoques de la plus grande sympathie, toute la part qu'elles prenaient à mes peines, à mes chagrins et à mes souffrances. Ce fut pour moi une grande consolation, et j'oubliai bien vite tout ce qui s'était passé, et cela d'autant plus volontiers, que le général Chanzy voulut bien m'écrire pour m'informer qu'il ne m'avait fait donner un successeur comme chef de corps que parce qu'il *fallait assurer les besoins du service*, mais qu'il avait su m'apprécier et qu'il était tout disposé à me proposer pour une récompense. On est heureux de rencontrer des hommes ayant le tact et le jugement qui en font des chefs capables, sérieux et justement considérés.

Je voulus cependant effacer le mauvais effet produit sur la population lors de l'arrivée de mon régiment en ville, et je publiai, la veille de son départ, l'ordre du jour suivant, qui n'était que la juste expression de mes sentiments envers les mobiles que j'avais commandés :

« Officiers, sous-officiers et soldats du 71e ré- » giment de la garde mobile !

» Un ordre de notre général en chef vous rappelant » sur le théâtre de la guerre, j'éprouve le besoin de » vous remercier cordialement de toutes les marques » de sympathie que vous n'avez cessé de me donner » depuis que j'ai l'honneur d'être votre chef, et vous » exprimer en même temps le regret de ne pouvoir, » pendant quelque temps encore, vous conduire sur » de nouveaux champs de bataille.

» La malheureuse affaire de Chambord, dans la- » quelle j'ai été la première victime, a été produite » par des circonstances de force majeure indépendan- » tes de notre volonté, et dont la responsabilité ne

» saurait retomber sur les quatre régiments de la
» 3ᵉ division du 16ᵉ corps.

» La vérité ne peut tarder à être connue ; et votre
» réputation, j'espère, sortira intacte de l'enquête qui
» se fait en ce moment. A ceux qui voudraient douter
» de votre courage, opposez le témoignage du général
» prussien qui commandait à Lumeau, en avant de
» Terminiers, le 9 décembre. Il demanda quelles étaient
» les *troupes d'élite* qui lui avaient été opposées, et qui,
» pendant trois heures, avaient essuyé, sans broncher,
» le feu de soixante pièces d'artillerie, et dont le tir
» était remarquable par sa précision.

» Ce général ne voulut jamais croire que les trou-
» pes d'élite dont il parlait étaient de la garde mobile
» qui voyait le feu pour la première fois. Ces paroles,
» tombées des lèvres d'un ennemi implacable, est le
» plus bel éloge qu'on puisse faire sur votre attitude
» en présence du danger.

» Soyez calmes, ayez du sang froid dans les com-
» bats, écoutez la voix de vos chefs ; et, quoi qu'il
» arrive, ne vous débandez jamais. Songez qu'au point
» de vue même de sa propre conservation, une troupe
» court beaucoup moins de danger en marchant réu-
» nie qu'en prenant la fuite. Certes, les meilleures
» troupes sont souvent obligées de battre en retraite
» devant des forces plus considérables ; mais elles
» doivent le faire en bon ordre, et ne jamais se laisser
» entamer. Tout en cédant du terrain, elles doivent
» marcher de manière à infliger à l'ennemi des pertes

» quelquefois plus sensibles que dans un mouvement
» offensif. En résumé, la discipline étant la première
» des vertus militaires, vous ne subirez jamais de dé-
» sastres si vous êtes disciplinés.

» Je ne veux pas me séparer de vous sans donner
» quelques larmes de regrets à ceux de nos camarades
» tombés bravement et morts courageusement pour la
» défense de la patrie. L'un d'entre eux, le capitaine
» Bardinet, qui avait mérité toute mon estime et su
» gagner mon affection, doit être cité en première
» ligne. Ce brave et jeune officier, au cœur noble et
» généreux, aux sentiments patriotiques fortement
» accentués, a succombé en véritable héros. Que cette
» mort glorieuse nous serve d'exemple, et que nous
» sachions tous, pendant cette campagne, faire abné-
» gation de nous-mêmes pour contribuer à chasser
» l'ennemi du sol de notre belle France.

» Illustres compatriotes morts au champ d'hon-
» neur !... Vos noms, en traversant le sépulcre, ont
» pénétré dans l'immortalité ; consacrés par l'histoire
« dans la Haute-Vienne, ils resteront comme des bril-
» lants jetés dans la postérité, pour y rehausser l'éclat
» de la vertu et la gloire de la patrie.

> Limoges, le 30 décembre 1870.

» *Le lieutenant-colonel commandant*
» *le 71e de la garde mobile,*

» Signé : PINELLI. »

PERTES PENDANT LA CAMPAGNE.

Officiers tués : MM. Bardinet et Deshaye, capitaines; Desgranges, sous-lieutenant. — Officiers blessés : MM. Pinelli, colonel ; Tunis, Loupias, Henri, de Bruchard, Amasselièvre et Chabrol, capitaines ; Constant et Chevalier du Fau, lieutenants ; Mazabreau, sous-lieutenant.

Quant aux pertes éprouvées par les sous-officiers, caporaux et gardes, il m'est impossible d'en donner le nombre exact, même approximativement. J'ai déjà dit que, d'après le rapport verbal de notre aumônier, nous aurions eu au moins deux cents hommes tués le 2 décembre à Lumeau. Je ne puis cependant présenter ici que les documents qui m'ont été transmis, tout en déclarant qu'ils me paraissent être de beaucoup au-dessous de la vérité :

Sous-officiers et soldats tués et dont le décès a été officiellement constaté.	55	
Blessés recueillis après les combats.	96	
Disparus non rentrés (sans doute morts)........................	383	641
Morts à la suite de leurs blessures à l'hôpital de Limoges............	11	
Morts à la suite de leurs blessures dans les hôpitaux externes.........	96	

RÉCOMPENSES DÉCERNÉES
AU RÉGIMENT.

A été promu au grade de commandeur dans l'ordre national de la Légion d'honneur : M. Pinelli, lieutenant-colonel commandant le régiment. Ont été nommés chevaliers du même ordre : MM. Daval et Dutheillet de Lamothe, chefs de bataillon ; Moreau, de Bruchard et Descoutures, capitaines ; Constant et Chevalier du Fau, lieutenants ; l'abbé Fagois, aumônier. La médaille militaire a été accordée aux dénommés ci-après : Herbert et Deveau, caporaux ; Desbordes (Jean-Baptiste), Blondet (Etienne), Mériglier (Jean), Faucher (Jean), Ruaud (Jean), Raffier (Jean), Blanchet (Pierre), gardes.

Mériglier et Blanchet viennent de succomber à la suite de la gravité de leurs blessures : le premier à l'hôpital de Limoges, le second à celui de Versailles.

Les récompenses sont décomposées numériquement ainsi qu'il suit :

Croix de commandeur......... 1
— de chevalier............ 8 } 9
Médailles militaires............. 9 } 18

SERVICE DE SANTÉ.

Ce service a été fait avec zèle, intelligence et dévouement par MM. Raymond, médecin-major, Bouyer, du

Basty et Longeau, aides-majors. Ce dernier, tombé malade le 3 décembre, ne put prendre, du 3 au 20, une part aussi active que ses collègues dans le soulagement apporté aux malades et aux blessés, et dans les soins qui leur ont été prodigués. J'avais proposé M. du Basty pour de l'avancement, en demandant pour lui, à titre de récompense, l'emploi d'aide-major titulaire. Je regrette qu'il n'ait pas été donné suite à cette proposition faite à Limoges et remise au général de brigade, qui n'a pas jugé à propos de la transmettre.

SERVICE RELIGIEUX.

M. l'abbé Fagois, chargé de ce service, a exercé, dans le cours de la campagne, un double sacerdoce : celui de médecin de l'âme et celui de médecin du corps. Immédiatement après le combat de Lumeau, il donna la sépulture à 84 hommes de la mobile de la Haute-Vienne, et organisa ensuite une ambulance de 180 blessés, sans distinction d'arme ni de régiment. Il se multipliait pour donner des secours à ces malheureux qui manquaient de tout, même de nourriture. En un mot, il déploya tant d'activité, tant de dévouement, il fit preuve de tant de vertus chrétiennes, que sa conduite fut remarquée non-seulement par nos mobiles, mais encore par les habitants des pays qu'il fut obligé de parcourir pendant la retraite, et qui lui prêtèrent souvent un concours efficace dans l'accomplissement de la tâche pénible, honorable et difficile qu'il avait entreprise. Aussi me suis-je empressé de

signaler ce digne ecclésiastique au général en chef,
en demandant pour lui la croix de la Légion d'honneur que j'ai été si heureux de lui voir accorder, et
qu'il a si noblement méritée.

RÉSUMÉ.

J'ai rendu compte de tout ce que j'ai pu voir et de ce
qui s'est passé de saillant dans le petit coin de l'échiquier militaire parcouru par mon régiment pendant
la dernière campagne de France. Ce n'est qu'un faible
document, mais qui, joint à tant d'autres, pourra
aider à représenter ce grand drame sanglant dont le
tableau se déroulera plus tard sous les yeux étonnés
de nos futures générations.

On s'est demandé souvent d'où provenaient nos dé-
sastres. Je ne veux pas répéter ce qui a été chanté sur
tous les tons, pour mettre en relief les causes évidentes
de nos malheurs : 1° fautes commises par le gouvernement de l'empereur, en déclarant, d'un *cœur léger*,
mais en assumant sur lui la plus *lourde* des responsa-
bilités, une guerre d'autant plus insensée, que nous
ne pouvions disposer que d'une armée de 280,000 hommes pour la mettre en présence de toute l'Allemagne
nous opposant simultanément 1,200,000 hommes ins-
truits, exercés, préparés de longue main à une lutte
attendue et désirée ; 2° notre imprévoyance, en laissant envahir notre pays, depuis une trentaine d'an-
nées, par des myriades d'Allemands, qui avaient pour
mission de s'initier dans le secret de nos affaires les

plus intimes, en étudier le mécanisme, en faire ressortir nos défauts et nos faiblesses, et tout cela au profit futur de leur mère patrie ; 3° impéritie de nos généraux en chef, dont les dispositions prises sur la frontière, à l'ouverture des hostilités, présentaient une ligne de bataille trop étendue, et dont, par conséquent, tous les points étaient faibles et vulnérables ; 4° enfin l'inaction de notre flotte, sur laquelle il était permis de compter pour faire, le long des côtes de la mer du Nord et de la Baltique, une diversion paraissant indispensable aux mouvements offensifs qui se dessinaient sur les bords du Rhin.

Je tiens seulement à étudier la question de savoir si, après la capitulation de Metz, et surtout après la reprise d'Orléans et l'occupation du Mans par les armées du prince Frédéric, du duc de Mecklembourg et du général von der Thann, la guerre pouvait être continuée par nous avec quelques chances de succès. — On peut répondre hardiment : *Oui* et *non*. — Non, la lutte n'était pas possible en présence de la Franc démoralisée, dont les habitants préféraient, en général, tout souffrir, tout endurer, même les plus grandes humiliations, que de courir le risque de perdre la vie ; elle n'était pas possible, je l'avoue sincèrement, en voyant nos armées improvisées découragées par tant de batailles perdues, et si peu confiantes dans le talent et l'expérience de certains de leurs chefs ; elle n'était pas possible enfin, avec l'indiscipline qui se manifestait à peu près partout, avec l'absence de ce lien de solidarité dans les fractions constituées qu'on a toujours appelé *l'esprit de corps*, et surtout avec le développement de cet instinct de conservation que notre luxe, notre bien-être et l'habitude du confort ont porté au point de nous faire perdre toutes les qualités viriles et les vertus mâles qui rendent invincibles les peuples accoutumés à regarder la mort en face et à la mépriser.

Pendant nos retraites, j'ai vu des milliers de soldats se jeter sur toutes les routes, feignant d'être à la recherche des corps dont ils faisaient partie, mais en réalité marchant invariablement du côté opposé à l'ennemi, sachant que leurs régiments étaient engagés. — Oui, la guerre eût pu se continuer et tourner à la destruction complète des armées allemandes, si chaque Français avait apporté à l'œuvre de la délivrance son concours le plus actif et le plus dévoué, et si on eût adopté, pour combattre l'ennemi, un système de guerre tout à fait opposé à celui qu'on a eu le malheur de s'entêter à suivre depuis que notre armée permanente avait été enlevée de différentes places fortes pour être transportée en Allemagne, où elle était retenue prisonnière.

Au lieu de combattre en ligne avec des recrues inexpérimentées, incapables de manœuvrer comme masses devant des troupes aguerries et facilement maniables ; au lieu de présenter stupidement des colonnes serrées aux ravages effroyables causés par des obus dont l'horizon paraissait chargé ; au lieu de tout cela, dis-je, il aurait fallu organiser de nombreux partisans pour protéger les opérations de l'armée, tromper l'ennemi, l'inquiéter sur ses communications, intercepter les courriers, enlever ses postes et ses convois. Ces partisans, dont le rôle est parfaitement défini à l'article 115 du règlement du 3 mai 1832 sur le service des armées en campagne, auraient été commandés par des officiers fort intelligents et d'une grande activité, sachant très bien lire des cartes topographiques et en faire un bon usage. Ces cartes auraient été dressées par les soins des ingénieurs des ponts et chaussées et par les employés supérieurs de l'administration des eaux et forêts, afin de contenir les plus petits détails concernant les chemins et les mouvements de terrain.

Ces partisans se seraient cachés pendant le jour, et n'auraient opéré, autant que possible, que la nuit, disposant de bons guides et d'excellents espions choisis parmi les chasseurs, les braconniers, les bergers, les charbonniers, les bûcherons et les gardes-champêtres ou forestiers des pays parcourus. Ils n'auraient jamais accepté le combat qu'on leur eût offert, et n'auraient agi qu'à coup sûr par des coups de main hardis et habilement exécutés.

On aurait trouvé, dans la garde mobile, des éléments précieux pour faire cette guerre de partisans qui eût étourdi, dérouté et forcé à la retraite ces Allemands aux estomacs insatiables, si leurs convois, sans cesse attaqués et harcelés, avaient été souvent pris ou détruits. Il eût été essentiel de donner à quelques-uns de ces partisans des haches d'abordage comme celle de nos matelots, afin de couper les jarrets des chevaux d'attelage, après s'être glissés sous les voitures pendant l'attaque impétueuse des détachements armés de fusils. Cette organisation de partisans n'eût pas empêché l'armée d'exister et d'exécuter ses mouvements offensifs et défensifs, mais ayant la recommandation expresse de ne combattre qu'en tirailleurs, et se gardant bien de se masser. Il est bien entendu que ces corps de partisans eussent été mixtes, c'est-à-dire composés d'infanterie et de cavalerie, afin de pouvoir s'éclairer, se couvrir, se protéger et correspondre rapidement avec l'armée.

Je suis convaincu que le général Chanzy, qui a voté la continuation de la guere, n'aurait pas agi autrement si, comme il est probable, le commandement en chef lui avait été maintenu. Ce général, comme tous les hommes de mérite, a eu ses apologistes et ses détracteurs. On a dit que c'était un ambitieux et surtout un homme politique dangereux, un gambettiste, peu capable, dans tous les cas, de porter un fardeau aussi écrasant que celui du commandement en chef d'une armée.

Je crois que le général Chanzy a fait preuve d'un très grand patriotisme en acceptant la responsabilité d'une position que peu de généraux convoitaient dans des conjonctures aussi graves; et qu'en somme, il s'est montré, dans toutes les circonstances, parfaitement à la hauteur de la situation que les événements lui avaient faite. On l'avait jugé sévèrement comme politique, parce que Gambetta avait dit de lui : *C'est l'homme de la circonstance.* Il est évident que le chef de la délégation de Bordeaux ne parlait que des talents militaires du général qui se dévouait pour son pays et non pour un parti.

J'ai eu occasion de voir souvent notre général en chef et de causer longuement avec lui, notamment à Bourges, où nous logions simultanément à l'archevêché qui vient d'être incendié. Je le rencontrai plus tard à Saint-Péravy ; il me confia le commandement de la 3e division de son corps d'armée. Je puis certifier d'avoir trouvé, dans le cours de ma carrière militaire, peu de généraux aussi versés dans tous les détails des différents services ; et jamais peut-être un chef aussi

abordable pour tout le monde, et possédant un jugement aussi prompt et aussi sûr.

Je termine ici ce trop long rapport, qui ne comprend cependant que la première période de la campagne
de 1870-1871. Je cède la place à M. le commandant Périer
qui, à son tour, devra passer la plume à M. le lieutenant-colonel de Beaumont, mon successeur, chargés
l'un et l'autre, chacun en ce qui le concerne, de faire
le récit des événements accomplis pendant les deux
époques de leur commandement.

Je suis,
avec le plus profond respect,
Monsieur le ministre,
de Votre Excellence,
le très humble et très obéissant serviteur,

*L'ex-lieutenant-colonel commandant le 71° régiment
provisoire de la garde mobile,*

PINELLI.

Limoges, le 30 août 1871.

RAPPORT DE M· PÉRIER

Chef de bataillon

AU 71ᵉ RÉGIMENT PROVISOIRE

DE LA GARDE MOBILE DE LA HAUTE-VIENNE

(9 DÉCEMBRE 1870-8 JANVIER 1871)

Le Dorat, 22 août 1871.

Monsieur le Préfet,

Ayant eu l'honneur de commander pendant un mois le 71ᵉ régiment de mobiles de la Haute-Vienne, c'est-à-dire depuis la malheureuse affaire de Chambord (le 9 décembre 1870) jusqu'au 9 janvier 1871, je viens, conformément à la circulaire de M. le ministre de la guerre, vous donner quelques renseignements.

Le régiment faisait partie du 16ᵉ corps, 3ᵉ division, 2ᵉ brigade (armée de la Loire).

Parti comme capitaine, je laisse à mes chefs, mes prédécesseurs, le soin de donner les renseignements qu'ils jugeront à propos depuis le commencement de la campagne jusqu'au 2 décembre 1870.

Le 2 décembre 1870, à dix heures du matin, notre régiment, après une marche de six heures, se trouvait en présence de l'ennemi, à vingt mètres derrière une de nos batteries. Notre arrivée fut saluée par de nombreux obus que nous dûmes recevoir immobiles, à une distance de 2,500 mètres. Au bout d'une heure, notre artillerie, en partie démontée, battait en retraite dans la direction du village de Sougy; son mouvement fut ensuite imité par le 40e régiment de marche, par le 8e mobile (Charente-Inférieure), et nous nous trouvâmes seuls exposés au feu des canons prussiens, qui devint très meurtrier. Il était onze heures et quart; notre brave colonel, M. Pinelli, aux cris de : *Vive la France! Vive la République!* nous fit obliquer à droite et mettre la baïonnette au canon, afin de débusquer un régiment d'infanterie prussienne du village d'Usseau, où l'ennemi s'était posté en opérant un mouvement tournant pendant que nous restions immobiles sous le feu de ses canons. Nos hommes s'avançaient avec beaucoup de résolution, quand le colonel, s'apercevant que le mouvement de retraite du reste de la division devenant plus accéléré, commanda de faire halte, afin de bien reformer les rangs et d'opérer notre retraite en bon ordre. Il y eut alors dans le régiment une certaine confusion, bientôt suivie d'une déroute complète : une partie du régiment, ralliée autour du colonel et des chefs de bataillon Duval et Périer, garda un certain ordre : le reste s'enfuit dans la direction d'Orléans. Pendant environ une demi-heure nous fûmes poursuivis par l'ennemi qui dirigeait contre nous un feu très meurtrier. La 4e compagnie du 3e bataillon (capitaine Moreau) fut disposée en tirailleurs, et infligea à l'ennemi despertes telles, qu'il dut renoncer à nous poursuivre plus longtemps.

Le soir, à quatre heures, nous campâmes avec le reste de la division en arrière du village de Sougy; et le lendemain matin, à l'appel de sept heures, nous pûmes constater que quinze cents hommes environ manquaient : tués, blessés, prisonniers ou dispersés dans la direction d'Orléans. Dès le matin du 3, sur l'ordre de notre général, M. Morandy, nous nous rangeâmes en bataille, et nous bâttimes en retraite dans la direction du village de Boulay, où nous campâmes vers les trois heures de l'après-midi, à deux mille mètres en arrière d'un petit bois où l'ennemi s'embusqua pendant la nuit. Le matin du 4, à neuf heures, les premiers obus tombaient dans notre camp, et le général nous donna l'ordre de nous replier sur le village des Ormes, et, de là, sur Mung et Beaugency, où nous arrivâmes après avoir marché pendaut dix heures.

Le 5 et le 6 nous restâmes à Beaugency, où nous fûmes rejoint par environ trois cents hommes venant d'Orléans. Le 7 nous partîmes de Beaugency pour Blois, et nous quittâmes cette dernière ville le 9, à deux heures de l'après midi, pour aller occuper le parc de Chambord. Nous entrions dans le parc à la nuit tombante et nous entendions le canon tonner à peu de distance. Après une halte de vingt minutes, devant le château, sans avoir été prévenus de la présence de l'ennemi, sans avoir été mis en garde par des éclaireurs, nous recevions, presque à bout portant, une décharge foudroyante qui mit la panique dans les rangs de la division. Le colonel, grièvement blessé, et le commandant Duval furent faits prisonniers avec un nombre assez considérable d'officiers et de gardes. Renversé, foulé aux pieds, je ne pus rien voir à partir de ce moment; au bout de vingt-cinq minutes environ, resté seul et n'entendant que les hourras de l'ennemi, je parvins à m'échapper sous bois à travers le parc, en franchissant le mur d'enceinte. Je me rendis immédiatement à Blois, où j'arrivai à une heure et demie du matin chez le général Pétavin, auquel je rendis compte de ce qui s'était passé à Chambord; le général adressa immédiatement une dépêche au ministre de la guerre, et me donna l'ordre de me rendre à Tours, le pont de Blois devant sauter à cinq heures du matin.

Je partis le 10 décembre, à quatre heures du matin, pour Tours; en route je pus rassembler cent soixante-onze hommes du régiment, que je conduisis avec moi.

A mon arrivée, je me présentai à M. le général de division Sol; je lui rendis compte de la position du régiment, et je lui fis connaître qu'avant et après l'affaire du 2 décembre, beaucoup d'hommes ayant jeté leurs sacs, quelques-uns même ayant abandonné leurs fusils en fuyant à travers le parc de Chambord, l'habillement, l'équipement, l'armement et le campement actuels étaient, par conséquent, loin de pouvoir suffire aux besoins d'une troupe qui était appelée à rentrer prochainement en campagne.

Le général me donna l'ordre de me rendre avec le reste du régiment à Limoges.

Le 12 au soir, au moment de monter dans le train, des détachements conduits par des capitaines qui n'avaient plus reparu depuis l'affaire du 2 décembre à Lumeau, se sont présentés et sont revenus avec moi. D'autres officiers ont ramené au dépôt ce qui restait du régiment.

Arrivé à Limoges le 12 décembre, je me suis occupé depuis ce jour, jusqu'au 31 dudit, de la réorganisation du régiment; j'ai remplacé les cadres manquants (ils étaient nombreux); j'ai dû faire armer, équiper, habiller mes hommes et égaliser mes compagnies en les complétant avec les hommes du dépôt.

Le 31 décembre, une dépêche du général Chanzy nous rappelait au Mans, où nous arrivâmes le 2 janvier; les 3, 4, 5, 6 et 7 nous occupions les avant-postes en avant de Changé, sous le commandement du général Bourdillon.

Le 7, le général Bourdillon fut désigné pour commander l'armée de réserve, et remplacé dans son commandement par M. le général de Curten.

Le 8, nous reçûmes l'ordre de partir pour Château-Renault, où nous arrivâmes dans la nuit; nous campâmes dans la gare.

Le 9, toute la journée, nous fûmes chargés de garder les routes de Paris et de Vendôme, à quatre ou cinq kilomètres en avant de Château-Renault; nous y restâmes jusqu'à minuit. A cette heure, n'entendant plus la fusillade qui n'avait pas discontinué de la journée, et dans la crainte d'avoir été oublié, je me décidai à faire monter mon cheval par M. le capitaine Benoît pour aller à Château-Renault prendre les ordres de M. le général de Curten.

Le général me fit dire de quitter nos positions et de rentrer. A trois heures et demie du matin, toute la division évacuait la ville dans le plus grand désordre, s'acheminant sur Rouzier et Beaumont.

Deux heures après les Prussiens rentraient à Château-Renault.

Là s'arrêtent mes renseignements, ayant été remplacé dans mon commandement par M. le comte de Beaumont, chef de bataillon aux mobiles d'Indre-et-Loire, promu colonel au régiment.

Veuillez agréer,
monsieur le préfet,
mes hommages les plus respectueux.

PÉRIER,
Directeur de l'École de dressage.

———

Nous regrettons de ne pouvoir donner, à la suite des rapports de MM. Pinelli et Périer, celui de M. de Beaumont, qui a commandé le 71e mobile du 9 janvier jusqu'au moment du licenciement (24 mars 1871). M. de Beaumont, sur notre prière de nous communiquer son rapport, nous a écrit qu'il n'en avait pas conservé le double. *(Note de l'Éditeur)*.

———

COMPOSITION

CADRE DES OFFICIERS DU 74ᵉ RÉGIMENT PROVISOIRE

DE LA

GARDE MOBILE (HAUTE-VIENNE)

AU MOMENT DU LICENCIEMENT, LE 24 MARS 1871

État-Major.

M. de Beaumont, *lieutenant-colonel.* — M. Raymond, *médecin-major.* — M. Lagarde, *capitaine-major.*

1ᵉʳ Bataillon.

M. Tunis, *chef de bataillon.* — M. Lemaître, *capitaine adjudant-major.* — M. Bouyer, *médecin aide-major.*

1ʳᵉ compagnie : MM. le vicomte de Préaulx, *capitaine ;* Desproges, *lieutenant ;* Cadillac, *sous-lieutenant.*

2ᵉ compagnie : MM. Laforest, *capitaine ;* Roudaud, *lieutenant ;* Batard, *sous-lieutenant.*

3ᵉ compagnie : MM. le comte de Couronnel, *capitaine ;*

de Beireix, *lieutenant;* de Laborderie, *sous-lieutenant.*

4ᵉ compagnie : MM. Lemaître, *capitaine;* Dardanne, *lieutenant;* Marbouty, *sous-lieutenant.*

5ᵉ compagnie : MM. de Laboulinière, *capitaine;* Rougier, *lieutenant;* Gigot, *sous-lieutenant.*

6ᵉ compagnie : MM. Arnaud, *capitaine;* Bonnamour du Tartre, *lieutenant;* Donnet, *sous-lieutenant.*

7ᵉ compagnie : MM. Taveau de Lavigerie, *capitaine;* Mazaudon, *lieutenant;* Rougerie, *sous-lieutenant.*

M. Bessonaud, *adjudant.*

2ᵉ Bataillon.

M. Chabrol, *chef de bataillon.* — M. Loupias, *capitaine adjudant-major.* — M. Longeaud, *médecin aide-major.*

1ʳᵉ compagnie : MM. Duportal, *capitaine;* Viviès, *lieutenant;* Astruc, *sous-lieutenant.*

2ᵉ compagnie : Loupias, *capitaine;* Cassin, *lieutenant;* Veyrier, *sous-lieutenant.*

3ᵉ compagnie : Calinaud, *capitaine,* démissionnaire; N.   , *lieutenant;* Durand, *sous-lieutenant.*

4ᵉ compagnie : MM. Chatras, *capitaine;* Laffaiteur, *lieutenant;* Nicard des Rieux, *sous-lieutenant.*

5ᵉ compagnie : MM. Tharaud, *capitaine;* Laroche, *lieutenant;* Lemaître, *sous-lieutenant.*

6ᵉ compagnie : MM. Blanchaud, *capitaine ;* Dupuy, *lieutenant ;* Taillefer, *sous-lieutenant*

7ᵉ compagnie : Bleynie, *capitaine ;* de Lassat, *lieutenant ;* de Laborderie, *sous-lieutenant.*

M. Denis, *adjudant.*

3ᵉ Bataillon.

M. Périer, *chef de bataillon* démissionnaire (l'intérim était fait par M. Benoît, *capitaine). —* M. Nadaud, *capitaine adjudant-major. —* M. du Basty, *médecin aide-major.*

1ʳᵉ compagnie : MM. Mercier, *capitaine ;* Vandermarcq, *lieutenant ;* Masbatin, *sous-lieutenant.*

2ᵉ compagnie : MM. Nouahlier, *capitaine ;* Chassat, *lieutenant ;* Mayéras, *sous-lieutenant.*

3ᵉ compagnie : MM. Moreau, *capitaine ;* Burin, *lieutenant ;* Dubois, *sous-lieutenant.*

4ᵉ compagnie : MM. Benoît, *capitaine ;* Lépinard, *lieutenant ;* Rigaud, *sous-lieutenant.*

5ᵉ compagnie : MM. Imbert-Laboisseille, *capitaine ;* Balestat, *lieutenant ;* Clayeux, *sous-lieutenant.*

6ᵉ compagnie : MM. Nadaud, *capitaine ;* Prudhomme, *lieutenant ;* Lachapelle, *sous-lieutenant.*

7ᵉ compagnie : MM. Lagarde, *capitaine ;* Chapouland, *lieutenant ;* Guillaumot, *sous-lieutenant.*

M. Mercy, *adjudant.*

Dépot.

M. Thoubeys, *capitaine-major*, président du conseil central. — M. Miel, *officier-payeur*. — M. Dumas, *officier d'habillement*. — M. Bardet, *garde-magasin*.

8e compagnie du 1er bataillon : MM. de Roulhac, *capitaine*; Gendraud, *lieutenant*; Massy, *sous-lieutenant*.

8e compagnie du 2e bataillon : MM. Henry, *capitaine*; Magnaud, *lieutenant*; Freissinet, *sous-lieutenant*.

8e compagnie du 3e bataillon : MM. Ballet, *capitaine*; Chevalier du Fau, *lieutenant*; Niot, *sous-lieutenant*.

Imp. veuve H. Ducourtieux, rue des Arènes, 5.

ERRATA

—